狂热的追求
What Mad Pursuit

[英] 弗朗西斯·克里克 著　傅贺 译
Francis Crick

U0210176

湖南科学技术出版社

THE
FIRST
MOVER

总序

《第一推动丛书》编委会

　　科学，特别是自然科学，最重要的目标之一，就是追寻科学本身的原动力，或曰追寻其第一推动。同时，科学的这种追求精神本身，又成为社会发展和人类进步的一种最基本的推动。

　　科学总是寻求发现和了解客观世界的新现象，研究和掌握新规律，总是在不懈地追求真理。科学是认真的、严谨的、实事求是的，同时，科学又是创造的。科学的最基本态度之一就是疑问，科学的最基本精神之一就是批判。

　　的确，科学活动，特别是自然科学活动，比起其他的人类活动来，其最基本特征就是不断进步。哪怕在其他方面倒退的时候，科学却总是进步着，即使是缓慢而艰难的进步。这表明，自然科学活动中包含着人类的最进步因素。

　　正是在这个意义上，科学堪称为人类进步的"第一推动"。

　　科学教育，特别是自然科学的教育，是提高人们素质的重要因素，是现代教育的一个核心。科学教育不仅使人获得生活和工作所需的知识和技能，更重要的是使人获得科学思想、科学精神、科学态度以及科学方法的熏陶和培养，使人获得非生物本能的智慧，获得非与生俱来的灵魂。可以这样说，没有科学的"教育"，只是培养信仰，而不是教育。没有受过科学教育的人，只能称为受过训练，而非受过教育。

　　正是在这个意义上，科学堪称为使人进化为现代人的"第一推动"。

近百年来，无数仁人志士意识到，强国富民再造中国离不开科学技术，他们为摆脱愚昧与无知做了艰苦卓绝的奋斗。中国的科学先贤们代代相传，不遗余力地为中国的进步献身于科学启蒙运动，以图完成国人的强国梦。然而可以说，这个目标远未达到。今日的中国需要新的科学启蒙，需要现代科学教育。只有全社会的人具备较高的科学素质，以科学的精神和思想、科学的态度和方法作为探讨和解决各类问题的共同基础和出发点，社会才能更好地向前发展和进步。因此，中国的进步离不开科学，是毋庸置疑的。

正是在这个意义上，似乎可以说，科学已被公认是中国进步所必不可少的推动。

然而，这并不意味着，科学的精神也同样地被公认和接受。虽然，科学已渗透到社会的各个领域和层面，科学的价值和地位也更高了，但是，毋庸讳言，在一定的范围内或某些特定时候，人们只是承认"科学是有用的"，只停留在对科学所带来的结果的接受和承认，而不是对科学的原动力——科学的精神的接受和承认。此种现象的存在也是不能忽视的。

科学的精神之一，是它自身就是自身的"第一推动"。也就是说，科学活动在原则上不隶属于服务于神学，不隶属于服务于儒学，科学活动在原则上也不隶属于服务于任何哲学。科学是超越宗教差别的，超越民族差别的，超越党派差别的，超越文化和地域差别的，科学是普适的、独立的，它自身就是自身的主宰。

　　湖南科学技术出版社精选了一批关于科学思想和科学精神的世界名著,请有关学者译成中文出版,其目的就是为了传播科学精神和科学思想,特别是自然科学的精神和思想,从而起到倡导科学精神,推动科技发展,对全民进行新的科学启蒙和科学教育的作用,为中国的进步做一点推动。丛书定名为"第一推动",当然并非说其中每一册都是第一推动,但是可以肯定,蕴含在每一册中的科学的内容、观点、思想和精神,都会使你或多或少地更接近第一推动,或多或少地发现自身如何成为自身的主宰。

出版30年序
苹果与利剑

龚曙光

2022年10月12日

从上次为这套丛书作序到今天，正好五年。

这五年，世界过得艰难而悲催！先是新冠病毒肆虐，后是俄乌冲突爆发，再是核战阴云笼罩 …… 几乎猝不及防，人类沦陷在了接踵而至的灾难中。一方面，面对疫情人们寄望科学救助，结果是呼而未应；一方面，面对战争人们反对科技赋能，结果是拒而不止。科技像一柄利剑，以其造福与为祸的双刃，深深地刺伤了人们安宁平静的生活，以及对于人类文明的信心。

在此时点，我们再谈科学，再谈科普，心情难免忧郁而且纠结。尽管科学伦理是个古老问题，但当她不再是一个学术命题，而是一个生存难题时，我的确做不到无动于衷，漠然置之。欣赏科普的极端智慧和极致想象，如同欣赏那些伟大的思想和不朽的艺术，都需要一种相对安妥宁静的心境。相比于五年前，这种心境无疑已时过境迁。

然而，除了执拗地相信科学能拯救科学并且拯救人类，我们还能有其他的选择吗？我当然知道，科技从来都是一把双刃剑，但我相信，科普却永远是无害的，她就像一只坠落的苹果，一面是极端的智慧，一面是极致的想象。

我很怀念五年前作序时的心情，那是一种对科学的纯净信仰，对科普的纯粹审美。我愿意将这篇序言附录于后，以此纪念这套丛书出版发行的黄金岁月，以此呼唤科学技术和平发展的黄金时代。

出版25年序
一个坠落苹果的两面：
极端智慧与极致想象

龚曙光
2017年9月8日凌晨于抱朴庐

连我们自己也很惊讶，《第一推动丛书》已经出了 25 年。

或许，因为全神贯注于每一本书的编辑和出版细节，反倒忽视了这套丛书的出版历程，忽视了自己头上的黑发渐染霜雪，忽视了团队编辑的老退新替，忽视了好些早年的读者已经成长为多个领域的栋梁。

对于一套丛书的出版而言，25 年的确是一段不短的历程；对于科学研究的进程而言，四分之一个世纪更是一部跨越式的历史。古人"洞中方七日，世上已千秋"的时间感，用来形容人类科学探求的日新月异，倒也恰当和准确。回头看看我们逐年出版的这些科普著作，许多当年的假设已经被证实，也有一些结论被证伪；许多当年的理论已经被孵化，也有一些发明被淘汰……

无论这些著作阐释的学科和学说属于以上所说的哪种状况，都本质地呈现了科学探索的旨趣与真相：科学永远是一个求真的过程，所谓的真理，都只是这一过程中的阶段性成果。论证被想象讪笑，结论被假设挑衅，人类以其最优越的物种秉赋 —— 智慧，让锐利无比的理性之刃，和绚烂无比的想象之花相克相生，相否相成。在形形色色的生活中，似乎没有哪一个领域如同科学探索一样，既是一次次伟大的理性历险，又是一次次极致的感性审美。科学家们穷其毕生所奉献的，不仅仅是我们无法发现的科学结论，还是我们无法展开的绚丽想象。在我们难以感知的极小与极大世界中，没有他们记历这些伟大历险和极致审美的科普著作，我们不但永远无法洞悉我们赖以生存的世界的各种奥秘，无法领略我们难以抵达世界的各种美丽，更无法认知人类在找到真理和遭遇美景时的心路历程。在这个意义上，科普是人类极端智慧和极致审美的结晶，是物种独有的精神文本，是人类任何其他创造 —— 神学、哲学、文学和艺术都无法替代的文明载体。

在神学家给出"我是谁"的结论后，整个人类，不仅仅是科学家，也包括庸常生活中的我们，都企图突破宗教教义的铁窗，自由探求世界的本质。于是，时间、物质和本源，成为了人类共同的终极探寻之地，成为了人类突破慵懒、挣脱琐碎、拒绝因袭的历险之旅。这一旅程中，引领着我们艰难而快乐前行的，是那一代又一代最伟大的科学家。他们是极端的智者和极致的幻想家，是真理的先知和审美的天使。

我曾有幸采访《时间简史》的作者史蒂芬·霍金，他痛苦地斜躺在轮椅上，用特制的语音器和我交谈。聆听着由他按击出的极其单调的金属般的音符，我确信，那个只留下萎缩的躯干和游丝一般生命气息的智者就是先知，就是上帝遣派给人类的孤独使者。倘若不是亲眼所见，你根本无法相信，那些深奥到极致而又浅白到极致，简练到极致而又美丽到极致的天书，竟是他蜷缩在轮椅上，用唯一能够动弹的手指，一个语音一个语音按击出来的。如果不是为了引导人类，你想象不出他人生此行还能有其他的目的。

无怪《时间简史》如此畅销！自出版始，每年都在中文图书的畅销榜上。其实何止《时间简史》，霍金的其他著作，《第一推动丛书》所遴选的其他作者的著作，25年来都在热销。据此我们相信，这些著作不仅属于某一代人，甚至不仅属于20世纪。只要人类仍在为时间、物质乃至本源的命题所困扰，只要人类仍在为求真与审美的本能所驱动，丛书中的著作便是永不过时的启蒙读本，永不熄灭的引领之光。

虽然著作中的某些假说会被否定，某些理论会被超越，但科学家们探求真理的精神，思考宇宙的智慧，感悟时空的审美，必将与日月同辉，成为人类进化中永不腐朽的历史界碑。

　　因而在25年这一时间节点上，我们合集再版这套丛书，便不只是为了纪念出版行为本身，更多的则是为了彰显这些著作的不朽，为了向新的时代和新的读者告白：21世纪不仅需要科学的功利，还需要科学的审美。

　　当然，我们深知，并非所有的发现都为人类带来福祉，并非所有的创造都为世界带来安宁。在科学仍在为政治集团和经济集团所利用，甚至垄断的时代，初衷与结果悖反、无辜与有罪并存的科学公案屡见不鲜。对于科学可能带来的负能量，只能由了解科技的公民用群体的意愿抑制和抵消：选择推进人类进化的科学方向，选择造福人类生存的科学发现，是每个现代公民对自己，也是对物种应当肩负的一份责任、应该表达的一种诉求！在这一理解上，我们不但将科普阅读视为一种个人爱好，而且视为一种公共使命！

　　牛顿站在苹果树下，在苹果坠落的那一刹那，他的顿悟一定不只包含了对于地心引力的推断，也包含了对于苹果与地球、地球与行星、行星与未知宇宙奇妙关系的想象。我相信，那不仅仅是一次枯燥之极的理性推演，也是一次瑰丽之极的感性审美……

　　如果说，求真与审美是这套丛书难以评估的价值，那么，极端的智慧与极致的想象，就是这套丛书无法穷尽的魅力！

人们把自己犯过的错误叫作"经验"。

——奥斯卡·王尔德

致谢

　　本书是应斯隆基金会（Sloan Foundation）之邀而写作的，对他们的慷慨赞助我深表谢意。1978年，史蒂芬·怀特（Stephen White）找到我，力劝我签了一份传记写作备忘录，但我迟迟没有动笔。如果不是珊卓·巴奈姆（Sandra Panem），我也许永远不会动笔。1986年，她成为本书的项目负责人。她喜欢当时尚未成型的想法，在她的热情鼓励下，我完成了第一稿。多亏了她和斯隆咨询委员会的细致的评论，本书得以进一步扩充、完善。基础书局（Basic Books）的马丁·凯斯勒（Martin Kessler）、理查德·莉伯曼-史密斯（Richard Liebmann-Smith）和保罗·高洛布（Paul Golob）的评论令我获益匪浅。本书版权编辑黛布拉·曼内特（Debra Manette）多处修改了我的英文。我也要感谢罗恩·凯普（Ron Cape）、帕特·迈克兰（Pat Churchland）、迈克·克里克（Michael Crick）、奥迪尔·克里克（Odile Crick）、V.S.拉玛钱德兰 [V.S.（Rama）Ramachandran]、莱斯利·奥格尔（Leslie Orgel）和吉姆·沃森（Jim Watson），他们都为之前的版本做出过一处或多处有益的评论。

　　在写作本书的过程中，我没有特地感谢曾经亲密共事、对我影响至深的伙伴。此处也无法一一列举每一位朋友和同事们，但我愿特别提到三个人。首先是吉姆·沃森，如果本书清晰易懂，那是他的功劳。我也必须要提到悉尼·布伦纳（Sydney Brenner）。跟他的长期交往，收获颇多。在过去二十年，他是我最亲密的合作伙伴，我们几乎每个工作日都深入地探讨科学。他的清晰、敏锐和无穷的热情，让他成为最理想的同事。第三位要感谢的人是数理逻辑学家，乔治·克里塞尔（Georg Kreisel）。虽然我们相知四十多年，但我始终以他的姓尊称。刚认识他的时候，我是个糟糕的思考者。他强大、缜密的头脑润物细无声地改变了我的思考习惯，让我的思考变得更为锐利，偶尔更为精确。我的许多思维风格都源于他的影响。没有这三位朋友，我的科研生涯将是另一副模样。

此外，我还要感谢我的家人。他们不仅鼓励我成为一名科学家，也给我提供了经济上的支持。我的父母为我就读寄宿中学做了很大的牺牲，特别是当时正值大萧条时期。我的叔叔亚瑟·克里克（Arthur Crick）和婶子不仅资助了我读大学的费用，还赞助我买了第一套房子。我的阿姨埃塞尔，除了教会了我阅读，也资助了我在战后重返剑桥的开销。我妈妈也帮了一把。他们也帮我照顾教育了我儿子迈克。当我年少清贫的时候，我就知道，有各位家人在，我就不必为生存担忧。

在本书谈到的大部分时间里，我都在英国医学研究委员会工作。我特别感谢他们，尤其是哈罗德·希姆斯沃斯（Harold Himsworth）爵士（他是当时的书记），他为我和同事们提供了完美的工作条件。

我还要感谢我现在的雇主，索尔克生物研究所，特别是主席，弗雷德里克·德霍夫曼（Frederic de Hoffmann）博士。他为我们创造了一个愉快又激励人的工作环境。

在本书写作过程中，我主要在研究脑。感谢柯克海佛（Kieckhefer）基金会，系统发育基金会以及诺贝尔基金会为这些努力提供的经济支持。

我要感谢《自然》杂志的主编允许我大段引用我于1974年4月26日发表的文章，题为《双螺旋：个人观点》；感谢纽约科学院允许我大段引用于1979年9月发表在《科学界》（The Sciences）上的文章——《生活在金螺旋的光环下》；感谢理查德·道金斯和诺顿公司允许我引用他们《盲眼钟表匠》一书里的段落，该书出版于1986年；感谢拉玛钱德兰和剑桥大学出版社允许我引用他的章节——运动、景深、颜色、形式与质地：感知的功效主义——这篇文章即将刊发于由科林·布莱克莫尔（Colin Blakemore）主编的《视觉，编码与有效性》一书；感谢杰米·西蒙（Jamie Simon）为本书所作的配图。

最后，我要诚挚地感谢我的秘书，玛丽亚，她为本书的文字录入、修订更新、最终定稿做出了不懈努力。

引言

本书的主要目的是为经典分子生物学的发展提供一份个人记录，从1953年发现DNA双螺旋开始，到1966年破译遗传密码结束。作为准备，我将提供一个简短的序幕，概述我的成长和教育经历的一些细节，包括我早期接受的宗教教育，接下来是我如何用"闲聊测试"决定从事哪个科学领域。在尾声部分，我概述了1966年之后的一些工作。

本书的正文与尾声部分涉及的科学工作有一个重要的区别。在正文部分，我们有相当的把握知道正确答案是什么（蛋白质折叠是个例外）；在尾声部分，我们尚不知道事情会出现什么新变化（在这里，双螺旋是个例外）。因此，尾声里的诸多评论都是一家之言，正文部分的评论则稍微更具权威。现代科学的一个重要特征就是：它进步得如此之快，以至于从业人员可以相当清楚地评估自己早期的想法，或者同时代人的想法。在过去，这种机会并不常见。在那些进步缓慢的领域里，这也不常见。

在本书里，我并不打算事无巨细地列出在那些激动人心的年月里我所参与的所有科学工作，更不奢望记录其他同仁的工作。比如，我很少，或者几乎没有，提及我与吉姆·沃森（Jim Watson）关于病毒结构的想法，也没有谈到我与亚历克斯·里奇（Alex Rich）就一些分子的结构展开的合作。相反，我记录在书里的是一些在我看来具有普遍教益的经历。关于如何做研究，如何避免错误 —— 特别是与生物学相关的错误。为了做到这一点，我会更多地谈到失败，而不是成功。

　　1947年，我31岁，来到了剑桥。头两年，我在斯特蓝维奇实验室做组织培养，然后转到了卡文迪许物理实验室。在那里，我重新做回了研究生，学习利用X射线衍射分析蛋白晶体，由此解析蛋白质的三维结构。正是在那里，我学会了如何做研究。读研究生的时候，我和吉姆·沃森提出了DNA的双螺旋结构模型。

　　关于双螺旋发现的来龙去脉，许多书籍和电影已经讲述过许多遍了，我很难再讲出什么新意。与其重复一遍人尽皆知的往事，倒不如对该发现的某些侧面进行评述。与此同时，我也会对BBC最近推出的关于双螺旋发现的电视节目《生命故事》进行评述。同样地，我也不会详细复述遗传密码是如何解开的，因为目前几乎所有的教科书都讲到它了。相反，我将重点讨论理论探索途中的迂回曲折，在我看来，很少有人明确意识到，关于遗传密码的理论探索是一个多大的失败。

　　由于我的主要关切是生物学思想，而非人物，所以我没有详细刻画朋友或同事的性格肖像。这主要是由于我不愿直率地讨论与我关系密切并且目前依然在世的人。尽管如此，在书里我还是穿插叙述了不少逸事掌故，读者可以管窥科学家们的大致模样，阅读也不至于太枯燥。要专心致志地阅读一整本毫不间断的思辨的书，且甘之如饴，恐怕只有少数读者才能做到 —— 他们必须对这个主题非常感兴趣。总之，我的主要目的是以一种较轻松的方式表达一些见解和思想。

　　本书既是为了同行科学家，也是为了一般大众而写。但我相信，外行也可以比较容易地读懂大部分的讨论。当然，其中一些讨论的技术性较强，但即使是在这些例子里，核心论点也比较容易把握。有时我会从一个更开阔的视角添加简短的评论，这会以方括号的形式标出来。为了帮助那些不了解分子生物学的读者，我在本书的目录后附了一张图，列出了分子、染色体、细胞等的大致尺寸；在附录部分还有两张图，图甲-4提供了关于分子生物学核心组成的简明素描，图甲-1则列出了遗传密码的细节。鉴于大多数人（除了化学家）都不爱读化学符号，我仅在附录甲里保留了它们。

　　我努力提供一份清晰的记录，不过，普通读者可能仍然发现本书第4、5、12章的某些段落读起来颇为费力。我给这些读者的建议是，如果你在这些段落卡住了，要么再耐心坚持一会，要么就跳过去。本书大多数篇章还是相当好读的，千万不要因为少数段落难以理解就放弃了希望。

　　本书最重要的主题是自然选择。我将会提到，正是由于这一基本原理，生物学才不同于其他科学。当然，人人都能明白这个原理本身，但事实上，只有相当少的人真正理解它。不过，更令人吃惊的是自然选择历经数十亿代产生的结果，即由此产生的生物的特征。自然选择几乎总是依赖于既存事物，因此一个简单的基本过程由于不断添加的新奇部件而趋于复杂。弗朗索瓦·雅各布（François Jacob）对此有优美的描述，"演化是个修补匠"，演化带来的复杂性使生物体显得不可思议。生物学因此迥异于物理学。物理学的基本法则通常都可以用准确的数学公式来表达，而且它们很可能适用于整个宇宙。相比之下，生物学里的"法则"往往只是宏大的概括，因为它们试图描绘的是自然选择在数十亿年里演化而成的化学机制。

生物体的复制对自然选择至关重要，它产生了无数的复杂化学分子的精确复制体。物理或其他学科里从来没这种现象。有人因此认为生物体似乎无规律可循。

所有这些因素都可能使物理学家对生物学研究望而生畏。在物理学中，优美、简洁且高度抽象的数学归纳，都是有用的向导；但是在生物学中，这些智识工具却可能非常误导人。因此，生物学的理论工作者都必须要从实验证据（无论它们多么含混不清）里接受更多的指导，程度之深远远超过物理学。这些论点将在第13章里得到更具体的阐述。

因为是学物理出身，在30岁之前，我对生物学的了解一直非常肤浅。我花了一段时间才适应了生物学的思考方式。这不啻于一场重生。但这种转变并没有那么困难，而且显然是值得的。为了说明我走过的路，请允许我先简单叙述一下早年的情况。

目录

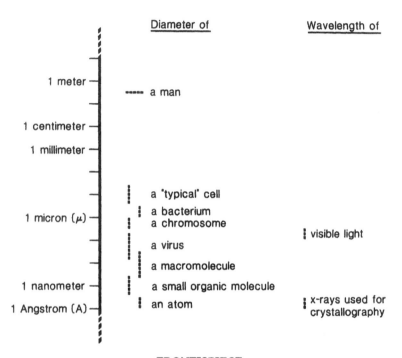

                    Diameter of   Wavelength of

1 meter ─   ----- a man

1 centimeter ─

1 millimeter ─

              ┊ a "typical" cell
1 micron (μ) ─ ┊ a bacterium
              ┊ a chromosome   ┊ visible light
              ┊ a virus
              ┊ a macromolecule
1 nanometer ─ ┊ a small organic molecule
1 Angstrom (A) ─ ┊ an atom   ┊ x-rays used for
                                                  crystallography

FRONTISPIECE

To show the approximate size of various objects, from molecules to man. Note that
each step in the scale is a factor of ten.

第 1 章
序曲：早年岁月

7　　我生于1916年，正值第一次世界大战期间。我的父亲哈里·克里克（Harry Crick）和母亲安妮·伊丽莎白·克里克（Anne Elizabeth Crick，母姓威尔金斯，Wilkins）是中产阶级，住在英格兰中部的北安普敦镇（Northampton）。那个时候，北安普敦的支柱产业是皮革加工，包括制造各种鞋子、靴子，所以我们当地的足球队名为"皮匠队"（Cobblers）。我的爷爷开了一家皮鞋工厂，伯父沃尔特（Walter）和父亲就继承了下来。

　　我出生在家里。我之所以知道这件事是因为出生之后我的母亲做了件很特别的事情。虽然她这个人不是特别迷信，但也经常做出一些有点迷信的举动。每过新年的时候，她都会设法确保第一个进我们家的人是黑发，而不是金发。这个行为叫做"第一脚"，可以给新年带来好运 —— 当然，我们不知道这种习俗现在是否依然流行。在我出生之后，她特地安排了她的妹妹，埃塞尔，把我抱到了我们家楼顶。我的母亲希望这个小小的仪式可以确保我长大以后可以"出人头地"。许多迷信行为反映的是参与人的态度，虽然当事人自己并没有意识到这一点。这件家庭琐事表明，我母亲跟其他母亲一样，虽然对新生儿子
8　的品格和能力还一无所知，却都望子成龙。

　　孩童时代的许多事情我都记不清了。我甚至不记得我的小姨教我读书这件事，那时，她是一名教师。从当年拍下来的照片来看，我好像没什么特别之处。我的母亲喜欢开玩笑说我看起来像大主教。我不确定她是否真的见过大主教 —— 她不是英格兰天主教或者其他教会的成员 —— 但是她有可能在报纸上见过。我不大相信在四五岁的时候我就有这种大人物的派头。我揣测，她想说但是又不好意思说的是，她觉得我像是小天使，金发蓝眼，带着一点"天使般"善意的好奇，当然，也许她看到了更多。我母亲曾给奥黛尔（Odile），我现在的妻子，一个项链坠子作为纪念，坠子里面有两张很小并且旧得褪色的照片，一张是我的弟弟托尼（Tony），另一张是我。有一次我说，这张照片里的我像个小天使。"才没有，"奥黛尔说道，"看你那犀利的小眼神！"当然，她和我生活了多年，无数次领教过我挑剔的眼神，这是她的经验之谈。

　　关于早年性格的另外一个线索来自于迈克（Michael），他是我跟第一任妻子多德的孩子。在他五六岁的时候，他跟奶奶住过一阵子。我留意到，有好几次，听了奶奶的敷衍解释之后，他都会说，"肯定不是那么回事！"我的母亲自然很费解，就问，"为什么不是呢？"然后迈克总会给出一个简单、准确又合情合理的回答。我猜测我曾经也是这样的 —— 这并没有很难，因为她想问题往往不是很清楚 —— 但是她觉得还真是"有其父必有其子"，她感到既不安又惊讶。无论如何，现在我可以清楚地看出来，我的母亲（如同许多母亲一样）认为自己的长子有特别的天赋，在这样一个殷实的中产之家，她尽全力为这些天赋的发展提供保障。

　　我的父母没有任何科学背景，他们大概招架不住年幼的我无穷无尽的提问，于是给我买了《儿童百科全书》(Children's Encyclopedia)。这是一套丛书，每一册里都有艺术、科学、历史、神话、文学，包罗万象。在我的印象里，我读得津津有味，不过最吸引我的是科学章节。宇宙是什么样子？原子是什么？生物是怎么发育的？我囫囵吞枣地接受了其中的解释，并以我日常生活的见闻来对比，发现其中的惊人之处。这样的"发现"是何等快慰！回头来看，我可能很早就决定做一名科学家了。但是，有一件事情令我惴惴不安：等我长大了——那得到什么时候呀！——世界上的奥秘都被发现光了怎么办？我把忧虑告诉了母亲，她安慰我道，"别担心，小乖乖，留给你的发现多着哩！"

　　等我十岁出头的时候，我已经开始在家里做实验了——我的父母给我买了化学教材。我尝试过制造人工丝绸——结果失败了。我在烧瓶里混合了一些爆炸性物质，然后通电激发它们——大获成功！自然，我的父母非常担心。我们达成了一致：我可以做瓶子爆炸实验，但是必须要浸在水桶里。因为采集野花标本，我从学校得了一个奖——人生的第一个奖。我比其他同学收集到的花朵都要多，但这是因为我住在城郊而其他同学住在城里。对此我感到一丝愧疚，不过还是愉快地接受了奖品，那是一本关于食虫植物的小册子。我编纂并印制了一本小型杂志，供我的父母和朋友消遣。除此之外，我实在不记得我特别早慧或者有什么了不起的事迹。我的数学不错，但我从来没有发现什么重要的定理。简言之，我对世界充满好奇，有逻辑头脑和进取心，只要有兴趣就会努力去干。要说缺点，那就是，如果我能轻易领会一件事情，我就认为自己彻底理解它了。

我们家的人都爱打网球。我父亲在北安普敦郡参加过多年的联赛，还打过一回温布尔顿公开赛。我母亲也打，不过技术差一点，也没有我父亲那么积极。我弟弟托尼的水平更高，在我们郡的青少年锦标赛上表现不俗，曾代表学校参加过校际联赛。现在回想起来有点难以置信，但是少年阶段我沉迷于网球。我依然记得有一天早晨，我母亲把我叫醒，告诉我，我们一家要去温布尔顿，我可以不用上学了 —— 天哪，还有比这更幸福的事吗？！我和弟弟甚至会在当地网球俱乐部的场外坐等好几个小时，等洒水结束，场地变干，希望有一家场地可以让我们打球。我也玩过其他运动（足球、橄榄球、板球，等等），但都表现平平。 10

我的父母也会很低调地参加一些宗教活动。我们没举行过家庭祈祷，但是每周日早晨他们都会去教堂，等我和弟弟年纪到了，也带我们一起去。这是一个新教徒的教堂，在英国也称为公理宗教堂（Congregational Church），颇为壮观，在阿宾顿街上也很醒目。当时我们还没有私家车，所以基本上都是步行去教堂，有时也坐一段巴士。我母亲对牧师的正直品格特别推崇，我父亲在这个教堂做过一段时间的秘书（负责财务记录），不过我并不认为他们的宗教感特别深沉，当然，他们的世界观并不偏狭。我父亲有时在周日下午打网球，但是我妈妈告诉我不要跟教堂其他人讲，因为有人会认为这是对上帝的不恭敬。

幼年的我把这一切视为生活的一部分接受了下来。我不确定什么时候我失去了早年的宗教信仰，但我推测是在十二岁左右，在青春期之前。我也记不清是什么事件导致了我的转变，但我清楚地记得，当我跟我母亲说以后再也不去教堂之后，她略为不快。我猜想，我对科学越来越浓的兴趣，以及牧师和信众相当低的智识水平促进了我的转变。不过，即使换了一个更加复杂的基督教信仰体系，我相信情况仍然会是如此。无论如何，从那以后，我成了一个怀疑论者，一个强烈倾向于无神论的不可知论者。

尽管如此，学校里依然少不了各种宗教活动，特别是在我后来上的寄宿学校，每天早晨都有一次，周日更是有两次。从入学第一年直到变声之前，我还参加过唱诗班。我也听过牧师的讲道，不过总是觉得有点隔膜，如果它不是太无聊，我甚至会发现其中的好笑之处。幸运的是，学校里的讲道基本很短，而且主要是道德规训。

11　　毫无疑问，如同日后渐渐显现的那样，失去基督教信仰并愈发执着于科学，对我的科学生涯有重要影响。这在日常生活上不大明显，却显著地影响了我对科学问题的判断：哪些问题是重要的，哪些问题是有趣的。我很早就意识到：正是具体的科学知识使宗教观念不再可信。在事关地球及化石年龄的知识面前，任何一个心智健全的人都不会像原教旨主义者那样认为《圣经》里的每一句话都无可置疑。既然经上的某些段落明显错了，我们怎么可能还继续不加分辨地接受其余部分？观念在最初成形的时候，不仅能激发人的想象力，也符合于当时的知识体系。一旦科学发现了新的事实，原有的信念自然就显出其粗陋之处。前人基于当时的知识水平认可了某些信念，我们现在认识到了其中的错误。如果我们把明显是错误的观念作为生活的根基，岂非冥顽不灵？而且，还有什么比逐一清理早期信念中遗留的舛误，并揭示出我们在宇宙中真正的位置更加重要？当然，有些奥秘至今依然没有得到科学的解释。而且，只要这些奥秘尚未得到解释，它们就会成为宗教或迷信的避难所。在我看来，关键是在我们的知识中发现这些未加解释的领域，并努力以科学的方式理解它们，无论这种理解最终是支持还是否定现有的宗教信念。

我发现许多宗教信念荒谬不经（诺亚方舟中的动物故事是一个显例），虽然如此，我还是常常寻找这些信念最初成形时的理性基础来为它们圆场。这有时也会带来意外的结论。比如，我知道《创世纪》里上帝用亚当的一根肋骨造出了夏娃，那么，这种信念是怎么产生的呢？当然，我知道男女在生理方面有一些差别。那么，假如男人确实比女人少一根肋骨，这种信念不就很好理解了吗？如果先人们知道了这一点，就很容易相信缺失的肋骨用来造夏娃了。不过，在想到这一点之后我从来没有去核查事实。直到几年之后，可能是我读大学的时候，我跟一个医学院的同学随口提到了"女人比男人多一根肋骨"这件事。令我惊讶的是，他不仅强烈表示反对，还问我为什么这么想。[12]听了我的解释之后，他差点笑破肚皮。这件事情告诉我，对待宗教信念不宜过于理性。

我的正式学校教育有几个特点值得一提。我在北安普敦语法学校读过几年，14岁的时候，我申请到了伦敦北部密尔希尔中学（Mill Hill School）的奖学金。这是一个男子"公学"（英国的"公学"其实是私立学校），基本上都是寄宿学生。我的伯父、父亲和叔叔都曾在这里就读。幸运的是，这所学校的理科教育很好，我在物理、化学、数学上都受到了扎实的训练。

　　对于纯数学，我当时有一种颇为野蛮的态度，我感兴趣的主要是数学的结果。严谨的论证过程对我没有吸引力，虽然我也喜欢简明优美的论证。我对化学也没有很大的热情，这可能跟授课方法有关——当时化学课的上课方法更像是宣读一系列菜谱而不是探讨科学。多年之后，当我读到莱纳斯·鲍林（Linus Pauling）先生写的《普通化学》（General Chemistry），我被深深地迷住了。尽管如此，我从来没有深刻掌握无机化学知识，有机化学知识也是捉襟见肘。不过，我对物理课很有兴趣。当时还有一门课是医学生物学（我们学校有一个医学提高班，专门为医学学士考试做准备），但是我从来没有想要了解该课程用到的模式生物：蚯蚓、青蛙和兔子。我应该是在这个时候接触到了孟德尔遗传学，但很可能是我自学的。

　　体育方面，我主动或被动地参加了许多项目，但是除了网球，其他运动都乏善可陈。在高中最后两年我还一度进入了校网球队。等我毕业的时候，我意识到自己已经不喜欢它了，于是我就退出了，从此也很少再打。

　　十八岁那年，我进入了伦敦大学学院（University College, London）。那个时候，我的父母已经从北安普敦搬到了密尔希尔，这样我弟弟也不用寄宿在学校里了。我住在家里，每天乘巴士和地铁去大学，一趟差不多一个小时。二十一岁的时候，我拿到了物理学的二等荣誉学位，以及辅修的数学学位。大学的物理课教得还不错，就是有点落伍。我们学的还是波尔的原子理论，在那个时候（20世纪30年代中期）已经颇不新鲜了。量子力学基本没有讲授，直到最后一年才有六次讲座作了简单的介绍。比如，我们从来没有学过特征值

（eigenvalue）或者群论（group theory）。

　　无论如何，物理学从那以后发生了脱胎换骨的变化。人们根本没有想象到量子电磁学，更别提夸克或者超弦了。因此，虽然我受到的训练在今天可能被称为经典物理学，但是我对现代物理学的知识仅限于《科学美国人》的水平。

　　第二次世界大战结束之后，我曾自学过量子力学的基础知识，但是从来没有机会用过。当时这方面的教材往往题为《波动力学》（*Wave Mechanics*）。那个时候，在牛津大学图书馆里，它们往往被分在"流体力学"（Hydrodynamics）的条目之下。当然，现在的状况已经大有改观。

　　本科毕业之后，我在伦敦大学学院开始了研究工作，师从安德雷德（Andrade）教授，我的伯父亚瑟·克里克提供了经济上的支持。安德雷德教授给我安排了一个极为单调的课题，测定水在高压高温（100～150℃）下的黏度。当时，我住在毗邻伦敦博物馆的一间出租公寓，我的室友是中学的一位朋友，拉乌尔·科尔法诺（Raoul Colinvaux），他当时在读法学院。

　　我的工作任务是构建一个盛水的、可密闭的球形铜器，要带一个颈部以容纳水的膨胀。它必须保持恒温，并可以用胶片记录阻尼振荡的过程。我并不擅长精密机械制造，但是我得到了安德雷德实验室的资深助研伦纳德·沃尔登（Leonard Walden）的帮助，他是实验室工作站的好手。虽然从科学的角度看这有点无聊，但我还挺喜欢制造仪器的过程，毕竟，上了这么多年学，终于开始干点实事了。

这些工作经历对我在战争中设计武器可能有所帮助，否则时间真是浪费了。我的间接收获是物理学家的自豪感，感到物理学作为一门学科来说非常成功。我想，其他的科学为什么不可以像物理学这样？我相信这对我在第二次世界大战之后转向生物物理是有帮助的。这种自豪感，对于生物学家中常见的沉闷、拖沓的态度是一个健康的矫正。

当第二次世界大战在1939年9月开始的时候，我们系迁到了威尔士。我回到了家里，大部分时间在学打壁球，由我弟弟托尼（当时已经在读医学院）在密尔希尔学校的壁球馆里教我。这个学校的学生也搬到威尔士去了，学校建筑都成了急救医院。我们的积分规则比较特别：每次我输掉一局，下一局我都会多得一分，反之则减掉一分。等到年终，我们俩的分数旗鼓相当。在这之后的许多年里，在伦敦和剑桥，我偶尔还是会打壁球。我很享受这项运动，纯粹是为了消遣。随着年纪越来越大，我现在的运动是散步，或在南加州的恒温泳池里游泳。

后来，到了1940年初，英国海军部给了我一个民用方面的工作。这样我就可以结婚了。我的第一位妻子叫多琳·多德（Doreen Dodd），我们的孩子迈克生于1940年11月25号，正值伦敦空袭期间。我先是在海军研究实验室工作，随后到了伦敦南郊特丁顿的国家物理实验室。后来，我转到了靠近哈凡特的地雷设计部，离英格兰南部海港普特茅斯不远。战争结束后我在伦敦的海军科学情报中心找到了一份工作。幸好一次地雷爆炸将我在伦敦大学辛辛苦苦建起来的实验设备炸毁了，这样，战后我再也不必回去测量水的黏度了。

第 2 章
闲聊测试

第二次世界大战期间，我的工作是设计磁力与声学感应的水雷，[15] 即"非接触性地雷"。最初，我是在著名理论物理学家 H. S. W. 梅西（H. S. W. Massey）的指导下工作。飞机将这样的水雷空投至波罗的海以及北海舰船可能通过的浅水域。它们就沉在大陆架上，悄无声息，除非被敌方清除，否则就会炸毁敌方的军舰。设计这种感应线圈的秘诀在于区分扫雷舰与军舰发出的磁场及声音。我对此颇有心得。这些特制的水雷比常规的非接触性水雷的效率高 5 倍。战争结束之后，据估计，这种地雷炸沉或者炸毁的敌方商用船多达数千艘。

战争结束之后，我对未来要做什么颇为迷茫。那个时候，我还在白厅（Whitehall）的海军司令部里那个没有窗户的所谓"城塞"（The Citadel）里工作。我并没有什么独特的想法，就申请了终身制的科学助理职位。起初他们不确定是否要我，但是最终迫于海军部的压力，在我通过了第二轮面试（面试委员会主席是小说家斯诺）之后，他们给了我这个终身职位。那时我心里很清楚，我不想一辈子都搞武器设计。但是我想干什么呢？我仔细评估了一下自己的条件：学位不算特

16 别出色，在海军部的工作稍微弥补了这个不足。对电磁学及流体力学
的某些领域比较了解，但是我对这两个主题毫无兴趣。迄今没有发表
过任何学术论文。在特丁顿工作期间为海军部写的几个报告也无足轻
重。慢慢地，我才意识到资历浅可能也有好处。许多科学家年届三十
之后就陷在自己的专业里了。他们在某个专门领域里付出了许多努力，
以至于很难再做出重大改变。我恰恰相反。我知道的很少，也只是受
过一些经典物理学和数学的基本训练，但我有能力学习新知识。虽然
我在海军部的工作经历适合于应用研究，但我内心更想做的是基础研
究。然而，我有没有这方面的能力呢？

　　我的朋友们对此颇有些疑虑。有人认为我可能更适合于科学传播
工作 —— 甚至有人建议我试试加盟科学期刊《自然》杂志（不知道现
任主编约翰·马多克斯对此作何感想）。我咨询了数学家爱德华·科
林伍德（Edward Collingwood），第二次世界大战期间我们曾共事过。
他一如既往的热情洋溢，乐于助人。他认为我在科学研究上一定会成
功。我也问了好友乔治·克里塞尔（Georg Kreisel），他现在是杰出的
数理逻辑学家。我们认识的时候他才十九岁，也在海军部工作，师从
科林伍德。克里塞尔的第一篇论文是利用维特根斯坦的方法来解决
波罗的海的排雷问题 —— 科林伍德先生很明智地把这篇论文锁在了
保险柜里。这个时候我跟克里塞尔已经很熟了，我认为他的意见应该
很中肯。他考虑了半响，给出了他的判断："我见过不少比你更笨的
人 —— 他们做科研都很成功。"

　　我备受鼓舞，接下来的任务是选择研究领域。鉴于我一无所知，
我的选择面极为宽广。这一点，如同20世纪60年代的嬉皮士们发现

的那样，恰恰使人更加难以抉择。我花了好几个月琢磨这个问题。在这个年龄做出这个决定，我知道我的时间不多了，所以必须做出正确决定，不容闪失，因为我不可能再花两到三年的时间仅仅是为了尝试一个课题。无论选择什么都将是最终决定，起码在许多年里是这样。 ¹⁷

在海军部工作期间，我在海军办公室里有几个朋友。他们对科学也感兴趣，但知道的比我还少。一天，我注意到自己给他们谈到最近关于抗生素的进展 —— 青霉素等的时候，兴致颇为高涨。那天晚上，我才忽然意识到，除了从《企鹅科学》或者其他类似刊物上读到的一鳞半爪，我对这些领域几乎毫不了解。我意识到，我并非真的在谈论科学，我只是在闲聊（gossiping）科学。

这个洞见对我来说无异于一个神启。我发现了闲聊测试（gossip test），即你真正感兴趣的就是你整天闲聊的那些东西。我毫不犹豫地把这个办法应用到了我与他人的交谈之中。很快，我就把兴趣聚焦到了两个大的领域：①生物与非生物的边界；②脑的工作原理。经过进一步的反省，我意识到，这两个领域有一个共同之处，那就是它们都从许多方面触及了目前科学似乎仍然无法解释的问题。显然，对宗教教条的怀疑根植于我的天性。我一直都很清楚：为科学而生活，如同为宗教而生活，都需要高度的献身精神，人只有对所从事的行业满怀热忱，才可能如此投入。

进展到了这一步，我颇为满意。我似乎已经在知识的崇山峻岭之中找到了一条崎岖小径，并隐约远眺到了目的地。但是我依然需要在这两个领域中 —— 我们今天称之为分子生物学和神经生物学 —— 选择一个。我没费太大的困难就说服了自己，以我当时的科学背景可以很容易地进入第一个问题——生物与非生物的边界线——所以，我没有再犹豫，就是它了。

不过，我对这两个领域也不是真的一无所知。第二次世界大战之后，我花了许多空闲时间阅读相关的背景知识。海军部对我也很慷慨，允许我旷工去参加伦敦大学学院理论物理系每周一两次的讲座及讨论会。有时我在海军部的办公桌前会偷偷阅读有机化学的教材。我依稀记得在学校里学过碳氢化合物，甚至还记得一点关于醇类和酮类的知识，但是氨基酸是什么我就不知道了。在《化学和工程通讯》（*Chemical and Engineering News*）期刊上，我读到了某位权威人士的预言——氢键对生物学将非常重要——但是氢键是什么？这位作者有一个不寻常的名字——莱纳斯·鲍林（Linus Pauling）——但是我对他并不熟悉。我读过阿德里安勋爵关于脑的小册子，发现它特别吸引人。我也读了薛定谔的《生命是什么》（*What Is Life*），直到后来我才意识到这本书的局限——如同许多物理学家，他的化学知识几乎为零——但是他传达出了一条明确的信息：大变革即将来临。我也读了欣谢尔伍德（Hinshelwood）写的《细菌的细胞》（*The Bacterial Cell*），但没怎么理解（欣谢尔伍德是知名的物理化学家，曾担任过皇家学会的主席，并得过诺贝尔奖）。

虽然读了这些书，但是我必须强调，我对于这两个领域知识的认识仍然非常肤浅，更谈不上什么深刻的洞见。真正吸引我的是，这两个领域里各有一个重大的奥秘——生命的奥秘与意识的奥秘。我渴望通过科学更真切地了解这些奥秘。如果我能对解决这两个问题做出一丁点贡献，那就更好不过了。不过这是后话，当时还想不到这么远。

这时出现了一个危机。我收到了一份工作邀请！不是试用期，不是临时工，是一份真正的工作。汉密尔顿·哈特里奇（Hamilton Hartridge），一位名气很大但也有点特立独行的生理学家，说服了医学研究委员会（Medical Research Council）给他专门建一个实验室来研究眼睛。想必是他听说了我在找工作，所以叫我联系他。我匆忙拜读了他在第二次世界大战期间发表的关于彩色视觉的论文——我记得，根据他对视觉心理学的研究，他认为眼睛里可能有七种类型的锥状体，而不是通常认为的三种。面试进行得很顺利，他答应给我这份工作。但是我颇为踌躇：一周之前我刚刚决定了要研究分子生物学，而不是神经生物学。

这是一个艰难的决定。最终，我说服自己，我选择生物与非生物边界线的理由是站得住脚的，而且我只有一次机会开始新的职业生涯，我不应该因为别人给我一份工作就改变主意。虽然有点不情愿，但我还是写信告诉哈特里奇，这诚然是一个诱人的职位，但是我必须拒绝这份工作邀请。事后回想，另外一部分原因是，虽然他非常热情也有亲和力，但是，在我看来，他可能过于热情了一点，我有点担心我们能否合得来。我也怀疑如果我的工作证明了他的理论是错误的（如同 [19] 后来发现的那样），他能否愉快地接受。

接下来的任务是想办法进入新的研究领域。我来到伦敦大学学院，拜见第二次世界大战期间我的上司梅西，跟他汇报近况，并请他帮忙。

当他听说我有意离开海军部时，他以为我是想转到原子能机构，因为他第二次世界大战后期在伯克利工作过。得知我的兴趣是生物的时候，他还颇为惊讶，但马上就友好地给我做了两个重要的引荐。第一个是 A. V. 希尔（A. V. Hill），他也在伦敦大学学院。这位剑桥生理学家最著名的贡献是用生物物理的方法研究肌肉，特别是从热力学的角度研究肌肉收缩，为此他获得了1922年的诺贝尔奖。他很赞赏我想成为一名生物物理学家的想法——当然，也许最好来研究肌肉。他安排我拜访爱华德·梅兰比（Edward Mellanby）爵士，他是医学研究中心声望卓著的总管。他也给了我一些建议，"你应该去剑桥，"他说，"在那里你能找到旗鼓相当的人。"

梅西跟我推荐的第二个人是莫里斯·威尔金斯（Maurice Wilkins）。他提到这个名字的时候笑了一下，所以我猜测这位威尔金斯可能有点不寻常。他们曾在伯克利原子弹项目中共同分离过同位素。第二次世界大战之后，威尔金斯又回到了之前的老板约翰·兰道尔（John Randall）手下，在伦敦国王学院的物理系工作。于是，我前往那里，在他们工作的地下室里拜访了他们。

兰道尔说服了医学研究中心支持物理学家进入生物学。第二次世界大战期间，科学家比他们的前辈们获得了更大的影响力。兰道尔是磁控管（magnetron，军用雷达的关键部件）的发明人之一。以他的影响力，他可以很轻易地说服决策者：物理学家曾在战争中发挥了重要作用。在和平年代，如果他们现在转向生物学的基本问题，必将为医学研究奠定基础。于是，大笔的经费投入了"生物物理学"，医学研究中心在国王学院也建立了一个研究小组，由兰道尔担任主任。

　　当时，人们还不清楚生物物理学的研究对象及其研究意义。在国王学院，他们感到，关键一步是把现代物理学的技术应用到生物学问题。威尔金斯已经在研究新型紫外显微镜——用的是镜子而不是镜片，因为镜片是石英做成的，它们会吸收紫外线。人们也不是很清楚他们到底希望利用这些仪器发现什么，但是他们相信，任何新的观察最终都会带来新的发现。

　　他们的许多工作都是观察细胞而不是分子。这时，电子显微镜的潜力还没有全部开发出来，因此，观察细胞意味着不得不使用分辨率相对较低的光学显微镜。原子之间的距离还不到可见光波长的千分之一。绝大多数病毒都太小，在普通光学显微镜下根本看不到，只有在暗视野显微镜下才可能呈现出极其微小的光斑。

　　虽然威尔金斯兴致非常高涨，并且耐心友好地解释了他们的工作，但我不太确信这是正确的方式。不过，在这个阶段我对新的领域知之甚少，只能提出非常试探性的意见。我感兴趣的是生物与非生物的边界线，而无论这条线在哪里，国王学院的大部分工作似乎都在生物学这一侧，离边界还很远。

　　不过，跟威尔金斯的这次接触的最大收获就是我们成了好朋友。我们的科学背景类似，我们甚至长得都有点像。多年之后，纽约的一个女孩因为从一本教科书里看到了威尔金斯的一张照片（他跟吉姆·沃森的照片紧挨着，但是标注得非常误导人），而把他当成了我，虽然当时我就站在她身旁。我都一度怀疑我们是不是远亲，因为我母亲的中间名是"威尔金斯"。不过，更重要的是，我们年纪相仿，而且都从物理学转到了生物学。

　　威尔金斯在我看来颇为正常。虽然我知道他喜欢藏传音乐，但我不觉得这有什么奇怪的。奥黛尔（她也在海军部工作）的第一印象是他有点怪，因为，当他第一次到她在伯爵宫的公寓吃晚饭的时候，他径直走到厨房，揭开锅盖看里面做的什么菜。她见识过不少海军部的行政人员，还从来没遭遇过这种事情。后来她才知道，这并不是由于饥饿导致的难以抑制的好奇心——科学家似乎对奇怪的事情都很有好奇心——而仅仅是因为威尔金斯喜欢做饭。从此她对威尔金斯的印象才有改观。

　　接下来的问题是决定具体的研究课题以及——同样重要的——工作单位。我最开始接触了伦敦伯贝克学院的 X 射线晶体衍射专家贝尔纳（J. D. Bernal）。贝尔纳是一个极富魅力的人物。我建议你读读斯诺（C. P. Snow）的早期科学小说《追寻》（*The Search*），因为很明显，其中的主角康斯坦丁（Constantine）就是以贝尔纳为原型的。同样令人忍俊不禁的是，在小说中，康斯坦丁因为发现了如何合成蛋白质而成名，并当选 F.R.S（皇家学会会员），虽然斯诺很明智地没有提到更多细节。该小说的主线是某生物物理研究所的建立过程，而结局是，小说的主人公为了不揭发同行科学家的造假行为，决心放弃自己的科学生涯，转行成为作家。我推测这件事多少也反映了斯诺本人的经历。

　　当我去拜访贝尔纳的实验室时，他的秘书瑞米尔（Rimmel）女士当时就给了我一个下马威。她问我，"你知不知道，世界上有多少人都想来跟贝尔纳教授一起工作？你觉得他凭什么会招你呢？"但更大的困难在于梅兰比，他告诉我，如果我跟贝尔纳工作，MRC就不会赞助我。他们希望我做一些更接近生物学的工作。我决定听从希尔的建议，到剑桥去碰一碰运气，看看那边是否有人要我。

我拜访了生理学家理查德·凯恩斯（Richard Keynes），正值午饭时间，他在实验台前一边吃着三明治一边跟我聊天。他研究的是乌贼的巨大神经轴突中的离子运动。我也见了生物化学家罗伊·马卡姆（Roy Markham），他向我展示了他们关于植物病毒的最新研究成果。他习惯于以一种晦涩的方式谈论问题（当时我还不大了解核酸吸收紫外线的方式），因此我无法一下子明白他讲的东西。他们俩都很友好，也愿意帮我，但是他们那暂时都没有位子。最后，我访问了Strangeways实验室，主任是霍诺尔·费尔（Honor Fell），他们研究的是组织培养。她把我介绍给了阿瑟·休斯（Arthur Hughes）。在Strangeways曾经有一位物理学家——D. E. 利（D. E. Lea）——但是他最近去世了，于是他的房子空了出来。他们答应接收我在这里工作了，MRC同意给我一笔奖学金，我的家人也愿意提供经济上的支持，[22]因此除了住宿的开销之外，我还有余额可以买书。

我在Strangeways过了差不多两年，在此期间研究的一直是他们感兴趣的问题。休斯发现，组织培养的鸡的纤维细胞可以"吞噬"（phagocytose）磁铁碎屑。通过施加磁场，这些微小的颗粒可以在细胞内部移动。他建议我利用这些运动来推断出细胞质的某些物理性质。我对这个问题不是特别感兴趣，但是我意识到，在一定意义上这刚好适合我，因为我唯一比较了解的课题就是磁学与流体力学。果然，这项研究很快就得出了成果，我在《实验细胞研究》（*Experimental Cell*

Research）杂志上发表了人生的头两篇论文，一个偏实验，一个偏理论。这项研究工作的好处是它们不是特别费时，因此我有大把的时间来阅读新的领域。正是这个时候，我开始酝酿自己初步的想法。

　　也是在这段时间，我应邀给来 Strangeways 访问的一些科研人员作一个简短的报告。我清楚地记得当时的场景，因为我为此花了不少心血，试图给他们描述分子生物学中的重大问题是什么。他们都翘首以待，备好了纸笔做记录，但是随着报告的进行，他们都放下了笔。显然，他们认为我说的都不太重要，只是一些无用的推测。只在中间一点上，即我告诉他们某些事实 —— X 射线处理显著降低了 DNA 溶液的黏性 —— 的时候，他们才做了记录。我很想知道那个时候我到底讲了什么。我认为我知道自己讲过的内容，但是，由于记忆承载了如此多的思考以及这些思考后续的发展，我的记忆恐怕不大可靠。而且遗憾的是，我当时的报告笔记也没保留下来。然而，我可能谈论过基因的重要性，为什么我们需要知道它们的分子结构，为什么它们可能是由 DNA 组成的（或者部分是 DNA），还有，基因能做的最有用的事情是它可以指导蛋白质的合成，这可能需要 RNA 作为中间体。

　　差不多一年之后，我向梅兰比作工作汇报。我告诉他关于细胞质物理性质的工作还在进行之中，但是我花了许多时间在自学。他看起23来半信半疑。"胰腺有什么功能？"他突然问道。虽然我只有非常模糊的想法，但是我还是勉强回答出了它可以分泌酶类，并马上补充到我的兴趣不在器官，而在分子。他似乎比较满意。

　　回头来看，这次访问的时机无比恰当。在他的桌子上放着一个策划书，事关在卡文迪许实验室建立MRC研究中心，利用X射线晶体衍射来研究蛋白质功能。这将由马克斯·佩鲁茨（Max Perutz）领衔，由劳伦斯·布拉格爵士（Sir Lawrence Bragg）担任指导。令我意外的是（因为当时我还算是新人），他问我对此有何看法。我说我认为这是一个非常了不起的想法。我也告诉梅兰比，既然现在我有了一定的生物学背景，我非常乐意参与蛋白质结构的研究，因为我觉得我在这个方向的能力更强。这一次他没有表示异议。就这样，我加入了卡文迪许实验室，和马克斯·佩鲁茨和约翰·肯德鲁（John Kendrew）成了同事。

第 3 章
恼人的问题

24　　好了，陈年往事就讲到这里吧 —— 我们来讨论正题。环顾生物世界，最先映入眼帘的是它们的多样性。尽管我们在动物园里能见到不同的动物，但是无论是大小还是外形，它们仅仅代表了动物界的九牛一毛。曾有人问起霍尔丹（J. B. S. Haldane），研究生物对认识上帝有什么启发。霍尔丹回答道，"我还真不清楚，不过，他似乎特别偏爱甲虫。"据估计，地球上至少有30多万种甲虫，1万多种鸟类。我们还必须考虑到各种类型的植物，以及微生物，包括酵母和细菌。此外，还有那些已经灭绝的物种，恐龙是最富戏剧性的例子。据估计，已灭绝的物种是现存生物的 1 000 多倍。

　　生物世界的第二个特点是它的复杂性，特别是它高度有序的复杂性。这想必给我们的祖先留下了非常深刻的印象，以至于他们认为这些精巧复杂的机制背后必定有一个设计者。我如果早生150年，肯定会同意所谓的"设计论"（Argument from Design）。该论点最雄辩的代言人是著名的威廉·佩里（William Paley），在1802年出版的《自然神学，暨从自然现象中窥探到神之存在及性质的证据》（*Natural Theology —— or Evidence of the Existences and Attributes of the Deity*
25 *Collected from the Appearances of Nature*）一书中，他提出，假如有人

在穿越野外的时候发现了一块手表，做工精美，计时准确。那么，要解释它的设计和功能，我们必须假定存在一个设计者。类似地，他争辩到，生物体的精巧构造迫使我们承认，生物体也需要一个设计者。

这个看似有力的论证被达尔文彻底粉碎。达尔文认为，生物体看起来是设计出来的，但事实上是被自然选择出来的。达尔文和华莱士几乎同时独立提出了这个想法。他们的两篇论文于1858年7月1日在林奈学会上得到了宣读，但是当时没有引起很大的反响。事实上，该学会的主席在写年终回顾的时候，评论道："一年又过去了，没有什么重大发现。"达尔文把他的思想写了一个"简短版本"（他曾考虑过写一个更全面的著作），这就是《物种起源》。这本书在1859年付梓，甫一出版即洛阳纸贵，随后多次再版，引发了轰动。回头来看，这实在是理所应当，因为这本书勾勒出了"生命奥秘"的根本特征。它缺乏的只是遗传学的发现，而这到1860年才由孟德尔首次揭开了面纱，到了20世纪遗传学的分子基础得到阐明，"生命奥秘"的全部荣光才赤裸裸地呈现在人们眼前。然而，令人震惊的是，许多当代人对此毫不知情。在那些知情的人里，许多人觉得（比如美国的里根总统）这里面肯定有点什么猫腻。即使是在受过高等教育的人那里，也有一大批人对此毫不在意，在西方社会，有不少人还公然敌视演化理论。

回到自然选择的话题。第一个要澄清的事情是，一个复杂的生物体，或者生物体的一部分，比如眼睛，并不是一步到位就形成的。事实上，它们的形成过程涉及了一系列微小的渐变。"微小"到底有多小，我们并不清楚。生物体的生长受着精细程序的调控，这些都记录在基因里。有时候，哪怕遗传程序的某个关键部分发生了微小的变异，都可能会引起严重的后果。比如，果蝇中一个特殊基因的变异会导致本来生触角的地方长出腿来。

26　　　每一个渐变的步骤都是由遗传程序的随机突变导致的。对生物体来说，突变往往没有好处（有些甚至会导致生物体的早亡），但是，偶尔某个随机突变会赋予生物体生存优势。这意味着，这个生物最终会留下更多的后代。如果这种优势在后裔里可以延续，那么这种有益的突变就会在许多世代里逐渐扩散到种群里。在适当的情况下，每个个体都获得了这种改进的基因版本，原有的版本即被淘汰。因此，自然选择就是这样一个优美的机制，可以使偶然事件（严格来讲，是有益的偶然事件）变成普遍事件。

我们现在知道，这种遗传机制要能运行，必须通过特定的"颗粒"（particulate）遗传，而不是"融合"（blending）遗传。这一点最初是由菲舍尔（R. A. Fisher）提出，而后由孟德尔证实的。根据融合遗传说，后代特征是父母特征的简单融合；而在"颗粒"遗传模式下，这些"颗粒"是不会融合的。事后来看，这一点至关重要。

举例来说，在融合遗传模式下，黑色的动物和白色的动物交配会一直产生出灰色的动物；它们的后代如果继续杂交，就一直是灰色的。而在颗粒遗传模式下，各种各样的情形都可能出现。比方说，第一代有可能都是灰色的。如果它们继续杂交，在第二代当中，平均来说，

1/4是黑色，1/2是灰色，另外1/4是白色[1]。这些基因不会融合，但基因在一只动物身上导致的后果会融合。因此，白色基因与黑色基因在同一个生物体内共同作用，产生出了灰色。可见，颗粒遗传保存了变异的多样性（在第二代里就有黑色、灰色、白色的动物，而不仅仅是灰色），而融合遗传模式减少了多样性。如果遗传是通过融合模式进行的，那么黑色动物与白色动物结合产生的就永远是灰色动物。但情况显然不是这样的。在人类眼中看到的事实是：后代之间并没有越来越像，多样性被保留下来了。

达尔文是一个极其诚实的人，而且永远直面智性上的难题，他不知道遗传是通过"颗粒"模式进行的（达尔文以为是融合模式），因此，当苏格兰的一位工程师弗莱明·詹金（Fleeming Jenkin）对他的理论提出这个批评的时候，达尔文惴惴不安。詹金指出，从遗传学上看，自然选择的效率不会太高。由于达尔文不了解颗粒遗传模式，所以这个批评非常严厉，难以反驳。

那么，自然选择得以发生需要哪些基本条件呢？显然，我们需要某种东西来携带"信息"，即遗传指令。最重要的条件是有一种准确的机制来复制这种信息。几乎可以肯定，错误随时都会出现，但是它们出现的概率应该很低，特别是遗传物质携带了大量信息的时候[2]。

第二个条件，复制的产物也要可以复制。复制的过程不应该像印

1.这里的假定前提是，颜色是简单的孟德尔性状，没有显性/隐性之分。——原注
2. 在复制DNA或合成RNA的时候，每一代里碱基配对的出错率，在最简单的情况下，都要比全部碱基配对数量的倒数更低。——原注

刷报纸：一个模板可以产生许多份报纸，但报纸却不可以复制出模板或者其他报纸[1]。

　　第三个条件，复制错误 —— 即突变 —— 本身也应该可以得到复制，这样，有益的变异才会通过自然选择得到保存。

　　第四个条件，遗传指令和它的产物应该偶联在一起[2]。一个有效的办法是使用一个袋子 —— 也就是一个细胞，来进行这个工作，但是我此处不会展开论述。

　　此外，信息需要做一点有用的事情，或者产生出其他有用的东西，能帮助生物体留下更多繁殖力强的后代。

　　在此之外，生物体还需要原材料来复制自身，也需要能量[3]，并有能力排出废物。所有这些特征都是必需的，但是问题的核心显然在于准确的复制。

28　　此处，我无法展开讨论孟德尔遗传学的所有技术细节。然而，我将努力提供一个整体画面，以展示自然选择这一简单的机制在漫长的时间内可以产生出多么惊人的结果。关于这个过程，理查德·道金斯（Richard Dawkins）在《盲眼钟表匠》（*The Blind Watchmaker*）一书中讲得更完整，也更易读。或许有人对本书的标题感到不解。"钟表匠"

---

1. 用术语来说，复制应该是几何增长（geometrical），而不是代数增长（arithmetical）。—— 原注
2. 必须要避免交叉反应。—— 原注
3. 自由能。—— 原注

显然指的是佩里的钟表论证中提到的设计师。但是为什么会"盲眼"呢? 道金斯讲得非常精彩, 请允许我引用他的原话:

"与肉眼所见的相反, 大自然中唯一的钟表匠是盲眼的物理之力, 虽然它的表现方式非常特殊。一个真正的钟表匠是有远见的: 他会设计齿轮和弹簧, 以及它们要怎么组合起来, 这些他都胸有成竹。而达尔文发现的自然选择过程是盲目的、无意识的、自动进行, 而且今天我们已经知道, 自然选择可以解释生物存在的原因, 以及生物多样性的由来。自然选择并不筹划未来。它没有愿景, 没有远见, 它根本没有眼睛。如果它在大自然中扮演着钟表匠的角色, 那它也是一个盲眼的钟表匠。"

道金斯用了一个优美的例子来反驳"自然选择无法产生出大自然中的复杂性"的观念。这个例子非常简单, 但是极具说服力。他从《哈姆雷特》中取出了一个句子:

METHINKS IT IS LIKE A WEASEL (ACT 3, SCENE 2, PAGE 17)

他首先计算了随机输入 (传统比方是猴子, 在这里是他11个月大的女儿或者一个合适的计算机程序) 产生出这个完整的句子, 空格拼写分毫不差的概率 —— 这个概率结果为1/1 040 —— 他称之为"一步选择"。

然后, 他尝试了另一种方法, 他称之为"累积选择"。计算机选择一串28个字母组成的随机字符, 然后制造出几个拷贝, 但是每一次

29　拷贝都会出现若干次错误。接下来，它选择出其中最类似于"目标句子"的拷贝，然后重复该复制（及突变）过程。在他的书里，道金斯给出了几个中间过程的例子。其中一个，经过了30步之后，变成了：

METHINKS IT ISWLIKE B WECSEL

又过了43步，它得到了100%正确的句子。这个过程要花多少步是随机的。在其他测试里，它可能花了64步、41步，等等。要点在于，通过累积选择，人们可以在相对较少的步骤之内达到目标，在一步选择中，它似乎遥遥无期。

这个例子显然有点失之过简，道金斯因此尝试了一个更加复杂的例子。在这个例子里，计算机根据某些指令（基因）长出"树"（生物体）来。结果过于复杂，此处不便复述。道金斯讲道："无论是我作为生物学家的直觉，还有20多年计算机编程的经验，还是我最大胆的猜测，都不如屏幕上出现得更令人震惊"（第59页）。

如果你仍怀疑自然选择的力量，那么我劝你认真地去读一下道金斯的书，它会提供新的启示。道金斯给出了一个漂亮的论证，表明在有限的时间之内演化可以进行到何等地步。他指出，千百年来，人工选择就产生出了多种多样的宠物狗，比如京巴儿、斗牛犬等。这里，"人"是环境中的重要因素。人类的偏好（通过选择性繁育，而不是"设计"）选择出了大自然中本来没有的动物，比如各种宠物狗。然而人类驯化家犬的过程，与亿万年的演化过程相比，不过是弹指一挥间。既然如此，在更漫长的时间里，大自然选择出如此丰富、如此多样的生物，又有什么可奇怪的呢？

顺便说一句，道金斯的书里还对《上帝的可能性》（The Probability of God）一书作出了中肯但严厉的批评，这本书的作者是伯明翰的大主教休·蒙特弗洛尔（Hugh Montefiore）。当蒙特弗洛尔还在剑桥大学卡尤斯学院当系主任的时候，我就知道他了，而且我同意道金斯所说的，"……作者颇有声望且极富教养，为了自然神学与时 30 俱进，这是一次真诚的努力。"不过，对于道金斯的批评，我也发自肺腑地表示同意。

现在，我必须稍事停留，讨论一个问题——为什么有这么多的人还是难以接受自然选择？部分原因在于，这个过程，以我们的日常标准来看，进行得非常慢，因此我们极少有直接的经验感受到它的发生。也许理查德·道金斯描述的计算机程序可以帮助人们认识到这个机制的力量，但不是每个人都愿意摆弄计算机[1]。

另外一个原因在于，自然选择的结果——即高度复杂有序的生物体与自然选择过程本身的无序性形成了鲜明的对比。但是，这个对比是误导人的，原因在于自然选择的过程并不是无序的，因为环境施加了选择压力。我推测，有些人也不喜欢"自然选择没有远见"这个想法。事实上，自然选择的过程并不包含前进的方向。为此提供方向的是"外界环境"，而且长远来看，环境影响的具体细节很大程度

---

1. 考虑到本书出版于1988年，作者当时可能预料不到今天个人计算机的普及程度；另外，由于微生物个体小，繁殖快，通过它们研究演化可以在人类的有生之年观察到这些机制，比如Lensky的大肠杆菌长期演化实验（E.Coli 's Long-term Project）。——译者注

上也是无法预测的。然而，生物体看起来是如此高效，于是，人类的智慧就很难理解缺了设计师要如何实现这一切。自然选择的统计学性质——可能出现的生物体如此之多，而实际出现的生物体如此之少——这一点非常难以捉摸。但是，自然选择显然是有效的。如果深究下去，上述所有这些疑虑与批评都站不住脚，但你必须准确地理解自然选择发生的过程。自然选择的确在进行，从实验室到野外，从分子水平到生物体和种群水平，这样的例子不胜枚举。

　　在关于自然选择的批评意见中，我认为有两个比较中肯。其一，我们无法从第一原理计算出自然选择的速率，即使是推测，也非常模糊。如果我们对生物体的发育过程理解得更加详细，情况也许会好一点。毕竟，说起来还是蛮怪的——在我们对生物体如何发育还不清楚的时候，就开始思考生物体是如何演化的。由于演化是从过去发生到现在，本来就难以预测，更难以研究。研究胚胎发育比研究演化显然更容易一些。更符合逻辑的策略是，先搞清楚生物体是如何发育、如何工作的，然后再来研究它们是如何演化的。不过，演化这个课题是如此吸引人，以至于我们按捺不住诱惑，现在就试图理解它，虽然我们目前的胚胎发育知识依然非常不完整。

　　其二，演化产生出了许多使得自然选择运行得更加有效的机巧，目前我们仍不知道全部答案。在种种花样中，也许仍有许多我们尚未知道的办法使得演化进行得更加顺畅、更加迅速。性，可能正是这样一个机制。自私的基因——我们染色体上大段大段没有明确功能的基因——也许是另外一种机制（参考本书173页）。完全有可能，这种自私的基因对高等生物里复杂遗传控制机制的快速演化发挥了关键作用。

但是，我们暂时把这些保留意见放一边，自然选择的过程如此强大、多样、重要，而现代社会里真正理解它的人只占少数，这真是匪夷所思。

也许，你对上述关于演化、自然选择与基因的主张都表示同意，甚至也接受了下述想法：基因组成了遗传指令，进而组成了一套更加复杂的程序，后者不仅控制了受精卵的形成，也指导了后期的发育。尽管如此，你可能还是非常困惑，你也许会问：这些基因怎么会这么"机智"？这些基因都会做些什么，怎么就能构建出来如此精巧优美的生物体？

要回答这个问题，我们必须首先理解讨论对象的大小。一个基因有多大？在我刚开始涉足生物学的时候，差不多是在20世纪40年代末，已经有一些间接的证据暗示，一个基因可能像一个大分子那样大。有趣的是，一个简单又极富暗示性的常识性论证就足以说明这一点。

遗传学告诉我们，大致说来，我们从母亲的卵子里继承了一半的基因，从父亲的精子那里继承了另外一半。而我们知道，基因都在人类精子那小小的脑袋里。一个精子过于微小，人类肉眼无法看到，除非利用功能特别强大的显微镜。不过，这个小小的空间里就装着构建出人体所需的几乎一整套遗传程序（卵子里提供另外一套备份）。按照这种估计，结论不免是，基因必然非常非常小，几乎就是一个大分子的尺寸。仅仅知道这一点并没有告诉我们基因在做些什么，但是它 ³²

已经暗示了，我们不妨先来研究这个大分子的化学组成。

那个时候，我们也知道，细胞内的每个化学反应都是由一种特殊的大分子催化的。这些分子被称为酶。酶是活细胞体内的机器，1897年由爱德华·布克纳（Eduard Buchner）首次发现，他因此荣膺1907年的诺贝尔奖。在他的实验里，他把酵母细胞用水压打碎，得到了内容丰富的酵母浸出液。他想知道的是，这些活细胞的碎片是否可以催化任何化学反应，因为那个时候的流行意见认为，只有完整的细胞才能进行这样的反应。因为他打算把酵母浸出液保存起来，所以他采用了厨房里常用的处理办法：往里面加了许多糖。令他大为意外的是，这些酵母汁液竟可以分解这些糖分！酶，就这样被发现了[1]。很快，人们就发现，酶也可以从许多其他类型的细胞中得到，包括我们人类的细胞里，而且每种细胞都包含有许多种类的酶。即使是简单的细菌，它的体内也含有上千种不同类型的酶，每一种酶可能有几百或上千个分子。

在合适的环境下，我们可以把特定的酶分离出来，开展针对性的研究。这些研究表明，每一个酶都非常独特，只催化一个或者几个类似的化学反应。如果没有这些酶，在生理条件（包括温度及pH）下，化学反应就进行得非常缓慢。如果有了酶，反应则进行得很快。如果你制备一些淀粉溶液，它们可以存放很久而不分解。如果你往里面加入唾液，那么唾液里的淀粉酶就会分解淀粉，释放出糖类。

接下来的重大发现是，每一个酶都是一个大分子，并且都是蛋白

---

1. 在英文里酶 enzyme 的原意为 "在酵母里"。——原注

质。关键的发现是在1926年由美国化学家詹姆斯·萨姆纳（James Sumner）提出的。他还是个孩子的时候，因为一次擦枪走火而失去了 33 一只胳膊，对研究化学来说，只有一只手可不太容易。但是萨姆纳是一个很有毅力的人，他决定无论如何都要证明酶是蛋白质。虽然他表明了尿素酶是蛋白质，并获得了它的蛋白晶体，但是他的结果没有马上得到认可。事实上，一组德国科学家强烈地抵制这种观念，这惹恼了萨姆纳。事后证明，萨姆纳是对的。1946年，他获得了诺贝尔化学奖。虽然最近发现了几个显著的例外，但是绝大多数酶都是蛋白质。

蛋白质是一个巨大的分子家族，无限微妙又多姿多彩。从一开始了解它们，我就意识到，一个关键问题是解释蛋白质是如何合成出来的。

第三个重要的规律是1940年由乔治·比德尔（George Beadle）和爱德华·塔特姆（Edward Tatum）提出的，虽然不是人人都同意（1958年，他们也获得了诺贝尔奖）。在研究微小面包霉菌（neurospora）的时候，他们发现，每个突变体似乎都只缺少了一个基因。他们于是提出了那句著名的口号"一个基因一个酶"。

至此，生物体的整体规划方案似乎已经很明确了。一个基因决定一个特定的蛋白质，一些蛋白质用来形成结构，或者传递信号，而另外一些则用来催化不同的化学反应。人体内的几乎每个细胞都有一套完整的基因，而这套程序决定了每个细胞如何代谢、生长、与周围的细胞相互作用。了解了这些新知识（对我而言确实是新知识），不难发现其中的核心问题：基因是由什么组成的？它们是如何复制的？它们是如何控制、影响蛋白质的合成的？

　　这个时候，人们已经知道，细胞的大多数基因都位于染色体上，而染色体由核蛋白组成，包括 DNA 和蛋白质，也许还有一些 RNA。在 20 世纪 40 年代早期，人们错误地认为 DNA 分子很小，更加错误地认为 DNA 分子很简单。核酸研究的权威菲巴斯·利文（Phoebus Levene）在 20 世纪 30 年代提出，DNA 具有规则的重复结构（即所谓的"四核苷酸假说"）。这更难让人想到它们会携带任何遗传信息。当然，当时的人们认为，如果基因具有任何惊人的性质，原因必定在于蛋白质成分，因为只有蛋白质分子家族才能够执行这么多功能。也许其中的 DNA 起了辅助作用，比如为蛋白质提供了支架。

34

　　人们还知道，每一个蛋白质都是多聚体。所谓多聚体，就是由一串单体组成的长链。同源多聚体，比如尼龙，其中所有的单体通常是一样的。蛋白质则不同，其中的单体是各种各样的氨基酸（蛋白质也被称为多肽）。这样的结果就是，多肽链的骨架非常有序，侧链以固定的间隔镶嵌其上。当时人们认为有大概 20 种不同的氨基酸（准确数字并不清楚）。氨基酸单体就好比是活字印刷中的一个个字母，每个字母的基底都是一样的，这样才能嵌入到模具里，但是每个字母的表面却彼此不同，这样才能印出来特定的字符。每个蛋白质通常由数百个氨基酸组成，因此，蛋白质可以比作一段由 20 个化学字母写成的文字。当时的人们还不确定，而我们今天已经明确的是，每个蛋白质里的氨基酸都按特定的顺序排列（正如在一段文字里那样）。不久之后，生物化学家弗雷德里克·桑格（Fred Sanger）证明了这一点，但是这不难猜到。

　　当然，在英语语言中，一段文字确实是一长串字母。为了简便起见，它们分成了许多行，从上往下逐一排开，但这并不是关键。只要我们注意在每一行的末尾不拆开单词，段落的含义并不会因为一行的长短，或者字母的多少而变化。蛋白质则非常不同。虽然多肽骨架的化学组成很有规律，但是它包含了许多灵活的"纽带"，这样，理论上它可能具有许多三维结构。尽管如此，每种蛋白质似乎都有独特的形状，许多蛋白的结构相当致密（比如"球蛋白"），另外一些则相当延展（比如"纤维蛋白"）。人们已经获得了许多蛋白质的晶体。X射线晶体衍射分析表明，同一种蛋白质大分子的三维结构基本上完全一致。再者，许多蛋白质在沸水中加热片刻就会失去活性，就好像它们的三维结构被破坏了。这强烈暗示着蛋白质的功能依赖于特定的三维结构。

　　现在，我们可以着手处理一个棘手的问题了。如果基因是由蛋白质组成的，那么有可能每个基因都具有特殊的三维结构，也许还非常致密。现在，基因的一个关键特征是它可以在代际之间准确地复制，[35]而很少出错。我们当时所试图理解的是这个复制过程的机制。显然，要复制一件东西，就必须产生出它的互补结构 —— 一个模具 —— 然后再从这个模具里产生出它的互补结构，也就是跟原件一模一样的拷贝。毕竟，雕塑就是这么复制出来的。问题是：以这种方式不难复制三维结构的表面，但是三维结构的内里是怎么复制的呢？这个过程是如此之神秘，以至于我们根本不知道从哪里下手。

　　当然，现在我们知道答案了，一切看起来都如此显而易见，人们都不记得这个问题当时看起来是多么的棘手。如果你碰巧不知道这个问题的答案，现在我请你停下来思考一番，猜猜答案会是什么。你暂时不妨忽略化学细节，集中于其中的主导思想。此外，刚刚提到的那些关于蛋白质和基因的许多性质也并不那么肯定。它们也许都对，其中许多几乎肯定是对的，但是，在科研一线工作的人总是不免怀疑，自己是不是被一个或几个错误的假设误导了？在科研前线，已知与未知接壤的地带，情况几乎总是如此。

那么，答案到底是什么？有趣的是，在吉姆·沃森和我发现DNA的双螺旋结构之前，我就猜到结果了。基本想法（它并不是那么的与众不同）是这样的：基因要做的只是得到蛋白质中正确的氨基酸序列。只要多肽链的序列正确，它的所有侧链也各就各位，那么，接下来，根据化学规律，蛋白质就将自动折叠成独特的三维结构（每个蛋白质的准确结构还有待测定）。通过这个大胆的假定，问题就从三维变成了一维，最初的困境就消失了。

当然，这并没有解决问题，只是把问题从"无法捉摸"变成"可以上手"了。现在的问题是：如何准确地复制一维序列？为了着手解决这个问题，我们必须回到DNA，看看我们都知道些什么。

在20世纪40年代末，我们对DNA的了解有了许多重要进展。人们发现，DNA分子并不短，但是具体有多长人们也不清楚。我们现在知道，它们之所以显得短，是因为DNA分子从细胞里取出的时候容易断裂。仅仅是搅拌DNA溶液就足以打断这个分子了。关于DNA的化学知识要更加可靠。此外，哥伦比亚大学的奥地利裔化学家查可夫已经做出了优美的工作，彻底证伪了四核苷酸假设。我们知道，DNA是一个多聚体，骨架完全不同，而且只由4个字母组成——不像蛋白质那样有20种。查可夫表明，不同来源的DNA里四种碱基的比例不同。DNA

也许不是那么呆板。它可能足够长，足够多样，足够携带遗传信息。

　　早在我离开海军部之前，已经有一些意外的证据暗示着DNA里可能藏有重大奥秘。1944年，在纽约洛克菲勒研究所工作的埃弗里（Avery）、麦克劳德（MacLeod）和麦卡蒂（McCarty）发表了一篇论文，宣布肺炎双球菌（pneumococcus）的"转化因子"只含有DNA。这种转化因子是从一株具有光滑包被的细菌中提取出的物质，当把它加入到一种不含此光滑包被的细菌之后，一些受体细菌也具有了这样的光滑包被——即，这些细菌被"转化"了！更重要的是，所有被转化的细菌，它们的后代都具有同样的光滑包被。在这篇论文里，作者阐释结果的时候非常谨慎，但是在给他兄弟的一封家书（现在已经闻名遐迩）里，埃弗里坦言："看上去像是病毒——也许是基因。"

　　这个结论没有马上被认可。在洛克菲勒有一位著名的生物化学家，艾尔弗雷德·莫斯基（Alfred Mirsky）。他认为埃弗里实验中的DNA不够纯，其中残留的蛋白质导致了转化现象。随后，洛克菲勒研究所的罗林·霍奇基斯（Rollin Hotchkiss）进行了更加细致的研究，表明了莫斯基的指责是不能成立的。也有人认为，埃弗里-麦克劳德-麦卡蒂实验只表明了一种性状可以被转化，这个证据稍显薄弱。随后，霍奇基斯表明，另外一种性状[1]也可以被转化。不过，转化实验往往不太可靠，很难操作，并且只有少数细胞发生转化——这些都给发现蒙上了阴影。另外一个反对意见认为，这种现象仅仅发生在这些特殊的细菌里，再者，没有证据表明细菌也有基因——虽然不久之后乔

───────────────────────────

1.青霉素的耐药性 —— 译者注

舒亚·莱德伯格（Joshua Lederberg）和塔特姆（Ed Tatum）就发现了细菌的确具有基因。总之，人们的顾虑是，转化也许只是一种怪异的现象，可能并不适用于高等生物。这种观点不是完全没有道理。一个孤立的证据，无论多么惊人，总是会给人留下怀疑的余地。只有当来自不同角度的证据指向同一个结论的时候，论证才有说服力。

不时听说，埃弗里和他的同事的工作被有意或无意地忽视了。自然，人们对他们的工作有着不同的反应，但是要说他们的工作没有被注意到，恐怕有点言过其实。举例来说，1945 年 8 月，一向偏保守的伦敦皇家学会把考布雷（Copley）奖章授予了埃弗里，特别提到了他在转化因子上的工作。我非常想知道是谁为此撰写的授奖辞。

尽管如此，即使把所有的反对或者保留意见暂时置之不理，转化因子就是纯正的 DNA 这个事实本身并不能证明只有 DNA 才是肺炎双球菌中的遗传物质。我们可以设想，一个人可以非常符合逻辑地声称，基因由 DNA 和蛋白质组成，各自携带着一部分遗传信息，而由于意外，改变了细菌光滑包被的多糖类物质正好是由 DNA 所携带的遗传信息控制的。也许再做一次实验，蛋白质成分也可以带来可遗传的改变，比如改变包被或者其他的细胞特征。

无论作何解释，基于这个实验和越来越多关于 DNA 的化学知识，人们开始设想，基因也许仅仅由 DNA 组成。与此同时，卡文迪许实验室里的主要研究兴趣开始转向了蛋白质（比如血红蛋白和肌红蛋白）的三维结构。

第 4 章
拆台

　　现在，让我们回到我的职业故事。当时，我仍然需要去联系佩鲁 39
茨。20世纪40年代末的一天，在结束了一次伦敦之行后，我启程返
回剑桥。当时，我已经跟在物理实验室工作的佩鲁茨打过电话了。返
程的火车上没有什么激动人心的事情。窗外的乡野风光飞快地掠过，
但是我的思绪却在别处，我满脑子想的都是即将到来的卡文迪许实验
室之行。对英国的物理学家来说，卡文迪许实验室有一种独特的魅力。
亨利·卡文迪许（Henry Cavendish）是18世纪的一位物理学家，一位
隐士，也是一位实验方面的天才。卡文迪许实验室的第一位教授是苏
格兰理论物理学家詹姆斯·克拉克·麦克斯韦（James Clerk Maxwell），
即麦克斯韦方程的提出者。当实验室还在修建的时候，他在自家的厨
房里做实验，他的妻子在屋里烧水来提高室内温度。

　　正是在卡文迪许实验室，J. J. 汤姆逊（J. J. Thomson）发现了电子，
并测定了它的质量及电荷数。就实验科学家而言，汤姆逊是一个很有
趣的人物，他不是很善于做实验，他的助手时刻盯着他不许碰仪器，
担心被他搞砸了。欧内斯特·卢瑟福（Ernest Rutherford）从新西兰
过来之后就开始了科研生涯，随后接替汤姆逊成为卡文迪许教授。在
这里，科克罗夫特（Cockroft）和瓦尔顿（Walton）在他的指导下，第

一次成功进行了"原子碰撞"实验 —— 第一次得到了人工制造的原子衰变。他们最初使用的加速器仍在那里。在20世纪30年代早期，詹姆斯·查德维克（James Chadwick）（我认识他的时候，他还在卡尤斯学院读硕士）在几周之内就发现了中子。当时，卡文迪许实验室是基础理论物理学的前沿阵地。

现任卡文迪许教授是劳伦斯·布拉格（Lawrence Bragg）爵士（绰号威利，Willie），正是他提出了X射线衍射的布拉格定律。他是当时最年轻的诺贝尔奖获得者，在25岁的时候就与他的父亲威廉·布拉格（William Bragg）爵士共享了该荣誉。前往这样一个著名研究机构，我心里不免忐忑激动。

出了火车站，我决定叫个出租车。放好行李，我往后座上一靠，说："请带我去卡文迪许实验室。"

司机仿佛没有听懂，转过头来问我："去哪儿？"

我才意识到 —— 当然不是第一次意识到 —— 不是每个人都像我这样对基础科学这么着迷。从一堆手续里我翻出了地址。

"就在自由学院路。"

"噢，离中心广场不远。"司机说道。于是我们就出发了。

我即将拜访的马克斯·佩鲁茨生于奥地利，从维也纳大学获得化学学位之后，他本打算前往剑桥，师从弗雷德里克·哥兰·霍普金斯（Frederick Gowland Hopkins），剑桥大学生物化学系的创始人。佩鲁茨请求赫尔曼·马克（Herman Mark），一位多聚体专家，去剑桥的时候帮他联系一下这件事情。不料马克遇到了贝尔纳（绰号"大神"，因为他似乎什么都知道）。贝尔纳说他很欢迎佩鲁茨跟他一起工作，于是，佩鲁茨就成了一名晶体衍射专家。这一切都发生在第二次世界大战之前。

　　当时，佩鲁茨的工作内容是解析蛋白质的三维结构，布拉格或多或少也指导了这部分工作。我在上一章里提到，蛋白质是一类极为重要的生物大分子。蛋白质的工作原理取决于它的三维结构。因此，通过实验解析它们的结构就至关重要。在当时，X射线衍射解析的最大有机分子不到普通蛋白质分子的百分之一。测定一个蛋白质的三维结构，对大多数晶体学家来说，是无法想象的事情，即使可以想象，也非常渺茫。贝尔纳对这个课题一直非常有兴趣，但是他基本停留在空想阶段。然而，这深深吸引了布拉格，他下决心接受这个挑战。他的科学生涯始于揭示氯化钠晶体（即食盐）的晶体结构，他希望可以再解开更大的分子结构，更上一层楼。

　　在第二次世界大战之前，贝尔纳已经为利用X射线衍射研究蛋白质做了一些铺垫工作。一天，他用光学显微镜（实际上是偏光显微镜）观察蛋白结晶的光学性质。蛋白质晶体在一个开放的载玻片上，浸在晶体生长的溶液里。慢慢地，溶液中的水分挥发，直至晶体变干。在此过程中，贝尔纳留意到，晶体的光学性质渐趋模糊，因为干燥龟裂的晶体折射的光线更加无序。贝尔纳马上意识到，保持蛋白质晶体的湿润非常重要，于是，他把晶体包裹在小的二氧化硅管中，并用特制的蜡封住两端。幸运的是，这种二氧化硅管基本上不干涉蛋白质晶体衍射的X射线。之前，用X射线来研究蛋白质晶体只能得到少许模糊不清的图像，这是因为晶体在空气中变干了。所以当贝尔纳实验室利用湿润晶体获得了优美图像的时候，他们非常兴奋。蛋白质结构研究迈出了关键的一步。

在我前往卡文迪许实验室拜访佩鲁茨之前，我读了他最近发表在《皇家学会院报》（*Proceedings of the Royal Society*）上的利用X射线晶体衍射研究血红蛋白的两篇论文。血红蛋白是人体血液里运输氧气的蛋白质，血液之所以显示红色也是因为它们，虽然佩鲁茨研究的是马的各种血红蛋白（因为马的血红蛋白易于结晶，便于X射线研究）。我们现在知道，每个血红蛋白分子都由4个相似的亚基组成，每个亚基都包含2 500个原子，具有严格的三维结构。

由于X射线不易聚焦，因此我们无法像聚焦可见光或者电子那样
42 得到X射线的照片。不过，常规X射线的波长与原子的间距大致相当。因此，分子衍射的X射线图像模式，在适宜的条件下，包含的信息足以使实验人员测定分子中所有原子的位置。更确切地说，这样的图像表示的是围绕在原子周围电子云的密度，由于电子的密度更低，它们比原子核衍射X射线的效果更强。使用晶体，是因为从单一的分子上衍射的X射线过于微弱；如果通过延长曝光时间来解决这个问题，那么持续的X射线又会破坏分子，在得到足够多有用的X射线之前恐怕分子都被烤坏了。

当时，X射线要用特殊的胶片定格，再用普通的显影剂显影。今天，X射线可以用计数器（counter）捕捉并测量。特制的摄像头可以利用光束来移动晶体，同时进行X射线照射，这样就可以分批得到局部的衍射图像。

虽然我本科读物理的时候肯定学过这些，但时隔多年，我基本上忘光了，所以对于佩鲁茨的工作我只有粗浅的印象。我了解到，蛋白质晶体的分子间隙里往往含有很多水分子。在一个更干燥的环境下，水分子会散失，蛋白质分子会聚集得更加致密，晶体会略微缩小。而佩鲁茨研究的正是这些缩水之后的蛋白晶体。如果环境过于干燥，分子间丧失的水分就更多，分子的组合将更趋紊乱。一张漂亮的X射线衍射图谱会有许多清晰明锐的亮点；一旦晶体缩水，图像就会变得模糊。在衍射图像中，规则有序的三维结构会产生出一系列清晰的亮点，正如布拉格多年前解释的那样。

我当时也知道X射线晶体衍射的主要问题。即使我们能测量所有X射线亮点的强度（在当时这已非易事），即使晶体中的原子非常规则以至于X射线亮点严格对应于分子的精微结构，数学推理清楚地表明，这些亮点里只包含了解析三维结构所需的一半信息[1]。只有当我们知 43 道了所有原子的位置（在当时它的工作量也非常大），然后才可能准确计算出X射线衍射的图像，以及缺少的相位信息。但是，如果只有X射线亮点，理论可以预测出许多可能的三维结构，它们的电子云会得出同样的结果，而我们没有简便的办法来确定何者为真。

1.用术语讲，这些亮点给出了所有傅立叶成分的强度（intensity），但不包括相位（phase）。——原注

最近几年，杰罗姆·卡利（Jerome Karle）和赫伯特·豪普特曼（Herbert Hauptman）的工作揭示，在数学模型中添加若干自然限制条件，我们就可以确定小分子的结构。因为这些工作，他们获得了1985年诺贝尔化学奖。但是即使到了今天，单靠这种方法也无法确定大多数蛋白质的结构，因为它们的分子量太大了。

因此，不难理解，在20世纪40年代末期，佩鲁茨的研究进展非常缓慢。我仔细听取了他的工作报告，并斗胆贡献了几句评论。这肯定让我显得非常有洞察力而且理解得很快。无论如何，佩鲁茨对我印象极好，他非常欢迎我加入他们，前提是MRC愿意提供经费支持。

1949年，奥黛尔与我结婚了。我们是在第二次世界大战期间认识的，当时她是海军部的一位公职人员——相当于美国的海军女兵。在第二次世界大战后期，她在海军部的白厅总部工作，负责翻译截获的德国文件。战争结束之后，她再次成为学生，这次是在圣·马丁艺术学院（St. Martin's School of Art），位于查令十字路，离白厅不远。当时我在白厅的海军情报部工作，所以我们时常碰面。1947年，我与前妻离婚。奥黛尔之后转到皇家艺术学院（Royal College of Art）学习时装设计，一年之后，她决定退学，在家做全职太太。

我们去意大利度了蜜月。回来之后，我才发现第一届国际生物化学大会已经在剑桥开过了。那个时候，学术会议还不像现在这么多。作为一个刚入门的科研新手，我对这样的会议毫不知情。在我的脑海里，科学还是少数绅士从事的职业（虽然这些绅士并非达官显贵）。现在听起来也许有点不可思议，但是我没有意识到，对于许多人来说，科学是一个竞争激烈的职业。

　　佩鲁茨一家一直住在一个很小但是装修过的公寓，地处剑桥中心，步行去卡文迪许实验室只要几分钟，非常方便。他们当时计划搬到郊区一个更大的房子，并表示可以腾出来这个公寓让我们住。我们当然非常高兴，于是搬到了这个叫作"绿门"的地方——这是一个两室半厅，还有一个小的厨房，位于旧牧师住宅的楼上，紧邻大桥街上的圣克莱门特教堂，在葡萄牙区与汤普森路之间。房东是一位烟草商，他和妻子住在房子的主楼，而我们住在附楼上。真正的绿门位于一楼，在房子的后面，有一个狭窄的楼梯通到我们的屋子。卫生间在楼道的中部，而洗澡的地方跟厨房挨着。有时候为了冲个澡，需要挪动不少锅碗瓢盆。我们把一间房子用作客厅，另外一间作卧室，而最小的房子给我的儿子迈克，他从寄宿学校放假回家的时候可以休息。

　　早晨，奥黛尔和我在小小的客厅用早餐，靠着阁楼的窗户，可以望见外面大桥街上的风景，直通圣·约翰学院的教堂。在那个时候，街上还没有这么多机动车，虽然也有不少自行车。有的晚上，我们可以听到附近树林中猫头鹰的叫声。我们的收入不高，但是好在房租也不贵，虽然这间公寓是装修过的，但房东不得不涨房租（从每周30先令涨到30先令6便士）的时候，还不停向我们道歉。奥黛尔享受着新发现的闲暇，在小巧的壁炉旁读法文小说，甚至还去旁听了几次法国文学的课程。我对新的研究领域非常感兴趣，充分享受着科学研究的乐趣。

　　我做的第一件事是自学X射线晶体衍射学，从理论到实践。佩鲁茨

45　建议了几本教材，并教给了我制作晶体、拍X射线照片的基本知识。简单观察X射线衍射的图案不仅可以相当直接地看出晶体基本单元（空间最小的重复单元）的物理尺寸，还可以揭示它的对称性。生物分子往往具有"手性"，即它的镜像往往不会在生物体中出现。这意味着，某些对称性的要素（相对于一个中心的反转、反射、相应的平移面）无法在蛋白质晶体中出现。这种限制大大降低了可能的对称性类型（也称为空间体）。

　　旋转轴也有一个众所周知的限制因素。一张墙纸有一个双重对称的选择轴——如果你将其旋转180°，就会得到一模一样的墙纸——或者是三重对称、四重对称、六重对称。所有其他的旋转轴都是不可能的，包括五重对称。这个限制对其他二维对称图像（即平面体）与三维对称物体（即空间体）都成立。当然，单一的物体可能具有五重对称。规则的十二面体和二十面体都有五重对称轴，古希腊人已经知道这一点。但是，对一个点（即0维）成立的规律对一个平面体（2维）或者一个空间体（3维）来说就不成立了。由于宗教方面的原因，穆斯林艺术禁止刻画人物或者动物（他们的先知非常敌视偶像崇拜），于是他们格外痴迷于对称的艺术。有时我们甚至会发现艺术家在尝试局部的五重对称，而不必遵守重复的规则。后来我们发现，许多"球形"病毒（比如脊髓灰质炎病毒）的蛋白质外壳往往具有五重对称，但这是后话了。

　　X射线晶体衍射的理论相当好懂，以至于许多当代物理学家认为它相当无趣。虽然有必要处理代数细节，但我很快发现，通过空间想象与逻辑推理的组合，我可以不必经过繁琐的数学计算就得到问题的答案。

几年之后，当沃森也加入卡文迪许实验室的时候，我使用这些依赖于深厚的数学知识的可视方法，来教给他X射线衍射的大概。我甚至考虑过动笔写成一个教程，题为"为观鸟人士而写的傅立叶变换指南"（沃森因为早期喜欢观察鸟类而成了生物学家），但是因为忙于其他事情，就一直放着了。 46

当时还没有这方面的指导材料，仅有的教材都是根据布拉格原理，按照学科发展的历史顺序按部就班地讲起。对我这样的人，这不仅无趣，也令人生畏，因为基本方法往往会引出学习者提出更加深刻的问题，而这些顾虑会妨碍学习的进步。对更加聪明的学生来说，更好的策略反而是直接学习更高级的手段，学习更强大的推理方式，与此同时试图澄清其中的过程。对我而言，自学X射线衍射是最好的办法。而且当我获得了相当全面的亲身经验之后，这些知识就更加有用。此外，由于佩鲁茨在研究大分子晶体不同的缩水阶段，我学会了如何着手解决单个分子的衍射问题，然后再考虑把它们按照固定的晶格排布，而不必像传统的方法那样从晶格开始研究。事后证明，这对我极富价值。

有了这些新知识，我重新阅读了佩鲁茨的论文，并花了一些时间考虑蛋白质的结构要怎么解决。佩鲁茨曾试探性地提议，血红蛋白分子的形状有点儿像女士存放帽子的老式盒子，他在第一篇论文中展示了这样的样图（不巧的是，模型样图往往很难画得比较满意，除非格外小心，否则很容易传递出错误的信息）。出于各种考虑，我认为这

个模型不可能成立，于是我想尽各种办法寻找证据来求证是不是其他
形状。如上所述，单靠X射线衍射点的数据还不足以确定形状，因为
许多不同的形状都会得出同样的衍射图像。分子形状只影响了照在晶
体四周轮廓的少数X射线的反射。它们的强度依赖于含有高强度电子
云的蛋白质与含有低强度电子云的"水"（实际上是盐溶液）之间的
反差。即使有了这样一幅低分辨率的电子云密度图像，我们也无法马
上得知分子的形状，因为在许多地方蛋白质分子靠得太紧了。分子可
47　能会重叠在一起。幸运的是，佩鲁茨研究的是一系列类似的分子。假
定这些蛋白质相对稳定，区别仅仅是缩水程度不同，可能的分子形状
就大大减少了。

　　我在主要问题上取得了少许进展，但最终没有深入下去。与此
同时，布拉格也开始独立地思考这个问题。在我停滞的地方，他取得
了快速的进步。他大胆地假定，蛋白质缩水之后的结构类似于纺锤
形 —— 这是一种严重变形的球形。他再次假定，所有动物的血红蛋
白都有类似的结构，他也了解了关于其他动物血红蛋白的知识。此外，
对于某些不完全符合模型的实验数据，他也不是太介意，因为这些分
子几乎不可能是完全一致的纺锤形。换言之，他的假定大大简化了问
题，而且他考察了尽可能多的数据，对于实验数据与理论模型之间的
不和谐抱有审慎但又不过分挑剔（我的毛病）的态度。最后，他和佩
鲁茨发表了一篇论文，他们得出的形状与我们目前所知道的真实形状
已经比较接近了。这个结果的影响力算不上世界一流，因为它的方法
是间接的，需要其他的直接证据加以确认，但是它对我有很大的启发。
它告诉了我要如何进行科学研究，更重要的是，要避免哪些谬误。

随着我对核心问题的了解越来越深，我开始担心它哪一天真的被解决了。如前所述，X射线数据里只包含了一半的必要信息，而且这一半的信息里也有冗余的成分。有没有什么系统的方法来筛选可用数据？有。几年之前，一位叫林道·派特森（Lindo Patterson）的晶体学家发现，实验数据可以用来构建一个特殊的电子密度图，现在称为派特森图（傅立叶组分中所有的振幅都平方，所有的相位都设为0）。

这幅密度图意味着什么？派特森发现，它表征的是真实的电子密度图中所有可能的峰间距（interpeak distances）的叠加。也就是说，如果真正的电子密度图在特定的方向经常有10埃（1埃＝10^{-10} m）的间距，那么在派特森图中的特定方向上，距原点10埃的地方也将有一个峰。用数学语言来说，这就是电子密度在三维图上的自相关函数。[48]对于一个仅含几个原子的单元，利用高分辨率X射线数据，人们可以从派特森图中解析出所有可能的原子间距，从而获得原子排布的真实图像。可惜，由于蛋白质含的原子太多，分辨率太差，这种方法完全不可行。尽管如此，派特森图仍然强烈暗示出原子的整体分布情况，而佩鲁茨也的确预料到血红蛋白会在特定的方向上呈现出棒状电子密度图，因为他在派特森图中看到了这个信号。现在我们知道，后面这种棒状信号并没有他想象的那么强（当时他只有衍射点的相对强弱，而没有绝对强弱）。因此，蛋白质折叠不像他猜想的那样简单。

利用派特森图来计算马血红蛋白晶体的信息，费时又费力，因为按当时的方法，无论是搜集X射线数据还是计算傅立叶变化，以今天的眼光来看都非常原始。首先，这需要制备大量的晶体（因为蛋白质接受了一定的X射线照射之后会变质）。其次，必须拍摄许多幅X射线图片，反复校准，肉眼核查之后再进行系统校正。当时也没有今天这样的计算机（这是后来才出现的），用的还是 IBM 的打孔仪器，这需要实验人员辛苦三个月。再次，所获得的数据必须作图，并绘制出轮廓。直到最后我们得到一叠透明的清单，每张清单上都是派特森密度图的轮廓。在我的印象中，只有正值的轮廓图保留了下来，负值的数据就被忽略了（我们假定平均的相关系数为零）。

有一次，英国的晶体学家聚集到卡文迪许实验室，听佩鲁茨汇报工作进展 —— 我又从中学到了一些东西。在佩鲁茨汇报完毕后，贝尔纳起身发表评论。我一直认为贝尔纳是个天才，而且我一直有一种印象，天才都不通世故。因此当我听到贝尔纳对佩鲁茨发自肺腑的表扬的时候，颇为意外。贝尔纳对佩鲁茨的勇气表示钦佩，因为这项工作非常艰巨，前无古人，后启来者，而且佩鲁茨做得非常周密、一丝不苟。在这番表扬之后，贝尔纳才试探性地、以尽可能委婉的方式提出了一点疑虑，主要是针对派特森方法，特别是在这个例子中的应用。我从中学到的是，如果你打算对一项科学工作提出批评，最好以果断但又友好的方式表达出来，而且在此之前以赞美的前奏为铺垫。我多么希望自己能永远铭记这个有用的法则啊。不幸的是，我常常被自己的不耐心牵着鼻子走，表达得过于直白，有失礼节。

也正是在这个研讨会上，我做了平生第一次晶体学报告。虽然已过而立之年，但是这是我第二次做学术报告，上一次是关于细胞质里移动的磁铁微粒。我犯了一个新手常犯的错误，即试图在给定的 20 分钟里表达太多的信息。等我讲到一半，我忐忑地发现，贝尔纳开始坐立不安，三心二意。直到后来我才了解到，他是担心自己找不到幻灯片，因为他在我后面做报告。

　　当然，跟我的报告内容比起来，这都无关紧要。因为，我的报告主题，说得通俗一点，就是他们所有的研究都是在浪费时间，而根据我的分析，他们采取的方法没有丝毫成功的可能。我逐个分析了他们的方法，包括派特森的方法，并试图证明，除了一种方法之外，其余的方法根本行不通。唯一的例外是所谓的"同形替换"（isomorphous replacement），根据我的计算，如果可以用化学方法操作，这个方法有一定的成功前景。

　　如前所述，要构建完整的晶体电子密度三维图像，X射线衍射数据通常只能给我们提供一半的信息。我们需要这种三维图来帮助我们确定晶体中上千个原子的位置。是否有某种办法可以获得缺失的那部分数据呢？结果表明，确实有。假设有一个非常重的原子，比如说水银，添加到了晶体中，并替换掉每一个蛋白分子的位置。再假设，添加的水银不改变原有蛋白分子的构型，而只是替换了其中一两个水分子。这样我们就获得了两种X射线图谱：一个含有水银，一个不含水银。通过比较这两种图谱的差异，如果运气够好的话，我们可以确定出水银原子在晶体中的位置（严格地说，是在晶体单元中的位置）。[50] 一旦确定了这些位置，我们就可以通过观察每个X射线衍射点被水银取代之后是变强还是变弱，从而获得缺失的信息。

　　这就是所谓的"同形替换"。之所以说是"替换"，是因为我们使用一个重原子，比如水银，替换了一个轻原子或者分子，比如说水分子，而水银的X衍射更强。之所以说是"同形"，是因为这两个蛋白晶

体 —— 一个含有水银，一个不含 —— 应该具有同样的形式（仅就晶体单元而言）。粗略地讲，我们可以把添加的重原子视为一个移动标记，帮助我们在其他原子之间探路。结果表明，我们往往需要至少两种不同的同形替换才能捕获大多数缺失的信息，替换越多，效果越好。

这个方法广为人知，已经被用来解决许多小分子的结构。之前也有一两次用于蛋白质的尝试，但是都半途而废，可能是因为使用的化学处理过于粗糙，而我的报告也没帮上什么忙。我事先跟肯德鲁透露了演讲的内容，并征求他报告题目叫什么好。他建议道，"为什么不叫'狂热的追求'呢？"（出自济慈的《希腊古瓮颂》）—— 我就这么办了。

布拉格大为光火 —— 这个新来的家伙居然对 X 射线晶体衍射专家们，包括布拉格本人 —— 该领域的创始人而且深耕 40 多年 —— 指指点点，还告诉他们此路不通！很明显，虽然我对这个领域的理论了若指掌而且可以侃侃而谈，但是，我并没有说服他们。之后不久，我坐在布拉格后面，在下一个报告开始之前，我跟邻座以一贯的戏谑口吻说到我对这个领域的批评。布拉格扭过头，瞪着我说："克里克，你就会拆台！"

他的恼火也不是毫无道理。一群人在协力解决难题，前途未卜，这时候如果其中一位成员不停地泼冷水，肯定于事无补，还破坏了团结一心共闯难关的气氛。但是反过来说，坚持一个注定失败的策略也于事无补，特别是在还有其他办法的时候。现在我们知道，除了一个意见之外，我其余的批评都是正确的。我低估了研究简单、重复的人造多肽（与蛋白质有较弱的相关性）的价值，因为不久之后它们就很有用处，但是我准确地预测到，只有同形替换方法可以告诉我们蛋白质的精细结构。

这个时候，我还是一名刚入学不久的研究生。因为给了同行们一次非常必要的震撼，我把他们的视线转到了正确的方向。多年之后，大家都把这件事忘了，唯一还记得我的贡献的是贝尔纳，他不止一次提起过这事。当然，或早或晚，这些观点还会浮现。我所做的无非是加速了这件事的发生而已。我从未将这些批评意见写成文字，虽然我的谈话记录保存了数年。对我来说，这件事的主要结果就是布拉格觉得我很讨厌：做实验不出活，夸夸其谈，还爱贬低别人的工作。当然，后来他改变了这种印象。

巧合的是，持有这样批评意见的并不是只有我一个人。那个时候，大多数晶体学家都认为蛋白质晶体学的前景非常渺茫，或许要等到下一个世纪才能成熟。这种想法实际上过于悲观了，我起码对于这个学科还有过亲身体会，而且找到了一种解决方案。我注意到，那些研究"注定无望"的课题的科学家的精神状态颇值得玩味。与许多人猜想的相反，他们都是打不死的乐观主义者。我相信这件事情有一个更简单的解释：凡是不像他们那样乐观的人都离开了这个领域，从事其他研究去了，留下来的当然是最乐观的人。因此，人们会见到这种奇怪的现象——那些奖金丰厚、前途渺茫的领域里，科学家都显得特别乐观。而且虽然看起来他们做了很多事情，但是该领域并未取得真正的进步——即便如此，他们也一直乐观。在今天的理论神经生物学中，我也见到了类似的状况。

　　幸运的是，通过 X 射线晶体衍射来解决蛋白质的结构并非如此渺茫。1962 年，佩鲁茨与肯德鲁因为他们在解析血红蛋白及血球蛋白方面的工作荣获了诺贝尔化学奖。同年，沃森、威尔金斯和我分享了诺贝尔生理学或医学奖。授奖辞中写道："…… 为表彰他们揭示了核酸的分子结构，以及对遗传信息传递的重要性。"罗莎琳德·富兰克林（Rosalind Franklin）曾在 DNA 纤维的 X 射线衍射图谱方面做出过杰出的工作，可惜她于 1958 年不幸早逝。

第 5 章
阿尔法螺旋

劳伦斯·布拉格爵士是那种对做科学研究怀有孩童般热忱的科　53
学家，而且一辈子都是如此。他也是一名热情的园丁。1954 年，他开
始担任皇家研究院的院长，于是从剑桥西路的大花园房子搬到了皇家
研究院顶层的官邸，位于阿尔伯马尔街上。但是他对打理花园念念不
忘，于是毛遂自荐，每周抽一个下午为伦敦近郊波尔多高级住宅区的
一位素不相识的贵妇人作园丁。他毕恭毕敬地行脱帽礼，并自称威利
（Willie）。连续几个月，一切都平安无事。直到一天，她家的一位客人
往窗外打量的时候认出了他，然后惊奇地问女主人，"天哪，劳伦
斯·布拉格爵士怎么会在你的花园里？"很难想象还有哪位像他这样
有名望的科学家会闹出这种名堂。

布拉格在简化问题上有过人的天赋。他知道，如果可以澄清现象
背后的本质，那么表面上看来纷繁复杂的问题自然会迎刃而解。因此，
不难理解，他在 20 世纪 50 年代末就想表明，蛋白质多肽链中的某些
部分是以简单的方式折叠起来的。这个办法前人不是没有考虑过。晶
体学家比尔·阿斯特伯里（Bill Astbury）曾试图这样解释角蛋白（头
发和指甲中的蛋白质）的 X 射线图谱。他发现了两种类型的纤维图谱，
并命名为阿尔法和贝塔。他关于贝塔结构的想法基本正确，不过他对

54 阿尔法结构的建议却很离谱。部分原因在于，他建立模型的时候比较马虎，对分子间距及相对角度测算得不够严格；另外一部分原因是有些实验证据误导人，而他没有预料到这一点。

当时人们已经知道，任何具有同样重复性单元的链条，如果折叠起来的时候上下左右也按照同样的方式折叠，那么就会形成一个螺旋体（不研究数学的人有时会把它误叫作"旋转体"）。直线或者圆——从数学意义上讲，可以视为螺旋体退化之后的极端情况。

布拉格最初学的是物理，他研究过的分子结构也集中于无机材料，比如硅酸盐，而且，他对有机化学或者相关的物理化学了解不深。于是，他采取的策略是，先构建出多肽链的骨架模型，暂时忽略多变的侧链。

多肽链的骨架由肽键（化学式为 … CH — CO — NH … ）重复排列而成。附录甲中展示了原子的连接方式。在每个CH上，都连接着一个小的原子基团——化学家往往用R表示（R即残基，residue的缩写），我们把R称为侧链。我们现在知道，蛋白质中有20种常见的侧链，即20种常见的氨基酸。最简单的氨基酸是甘氨酸，它的侧链——可能都称不上"链"——是一个氢原子。比甘氨酸稍微复杂点的是丙氨酸，侧链是一个甲基。其他氨基酸的侧链则更加多样。有些携带着正电荷，有些是负电荷，有些则不带电荷。大多数侧链都比较小。最大的两个氨基酸是色氨酸和精氨酸，它们的侧链也只有18个原子。关于这20个氨基酸的名字（不是它们的化学结构），可以参见本书附录乙。

多肽链是由氨基酸连接而成的（它们化学结构的细节可以参见附录甲）。当合成蛋白质的时候，相关的氨基酸首尾相连串在一起，通过缩水反应形成多肽链。如前所述，基因决定蛋白质中氨基酸的特定顺序，并进一步决定蛋白质的性质。我们需要知道的是，多肽链是如 55 何折叠成了特定的三维结构，侧链残基（其中有些比较灵活）如何形成特定的空间排布，只有这样，我们才算理解了蛋白质是如何工作的。布拉格与其他人试图通过建模来回答多肽链的骨架是否可以形成一种或几种有规律的折叠。在阿斯特伯里的阿尔法和贝塔 X 射线衍射图谱中，似乎有迹象表明多肽链的确有一定规律。

因此，他们集中研究的是多肽的碳骨架，暂时没管侧链。不过，人们可以质疑是否真有必要建立这样的模型，因为碳骨架核心单元的化学结构早就已经清楚了，包括所有的化学键的距离及相对角度。不过，单键具有相当大的余地可以自由旋转（双键就不行），因此，原子在空间中的构型就取决于这些键旋转到什么程度。这往往依赖于彼此之间有一定距离的原子之间的相互作用，特别是当这些连接比较弱的时候。

为什么要有这种灵活性？答案并不明显。为了方便解释，不妨伸出手来做个小实验。摊开手掌，让所有的手指都在一个平面，这时，你的拇指与食指呈 90°夹角。你可以转动拇指，三维结构会发生改变，但与食指 90°的夹角却不变（参见图 5.1）。而在此过程中，所有的距离依然保持恒定——手指的长度没有变；发生变化的只有所谓的二面角，即四个手指所在平面与拇指所在平面之间的夹角。之前提到的"隔着一定距离的相互作用"现在就有了活生生的例子：你的拇指与小指之间的距离。

　　在化学分子中，分子的构型依赖于特定的相互作用。显然，对蛋白质链来说，最好的方式是通过碳骨架原子之间的氢键而连接。氢键是一种弱相互作用，它的能量仅比室温下的热能大一点，因此氢键很56 容易被热运动打断。这也是水在常温常压下呈液体的部分原因。氢键的形成需要氢原子的供体与受体。在多肽链中，唯一较强的供体是氨基（—NH）基团，而唯一可能的受体是羟基（—CO）基团中的氧原子。肯德鲁指出，形成这样的氢键相当于出现了一个原子环。通过统计所有这样形成的环，人们可以得出所有氨基与羟基形成的结构，比如说，这个氨基与隔三个氨基酸的羟基可以形成氢键。这样的氢键可57 以在多肽链的方向上重复排列，确保了分子经受热运动而依然稳定。

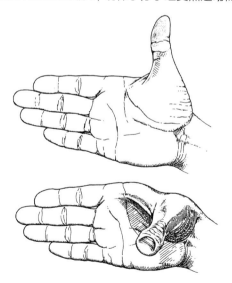

图5.1　显示了在转动拇指的时候，如何保持所有**直接**的距离与角度不变的同时，又改变了整体的形状

利用金属制成的原子模型和严格合乎比例的连接，布拉格、肯德鲁、佩鲁茨系统地构建了所有可能的模型，唯一没有完成的是不够致密的折叠区域。他们希望用建模来区分出哪些模型可以更好地解释X射线衍射数据。不幸的是，他们并没有让他们的模型采取合适的构型。阿斯特伯里发现，阿尔法样式在所谓的经线（meridian）上的X衍射点更强，而且呈现出一定的周期性，在纤维上每5.1埃就重复一次。这暗示着，多肽结构的某个重要性正以此为"频率"重复出现。由于这个衍射点正好位于经线上，这暗示着螺旋轴（规则螺旋体的中心对称要素）本身是一个整数，虽然我们并不知道这是何种整数。布拉格指出，它可能是双重、三重、四重、五重乃至更多重对称。如前所述，一张壁画是一个二维重复图式，它不可能有五重对称，但是，没有理由表明一个多肽螺旋不可能是五重对称。这仅仅意味着，如果你把该螺旋旋转72°（360°除以5），同时把该结构上下移动一点距离，如果你忽略两个末端，那么螺旋体就完全一致。

因此，布拉格、肯德鲁、佩鲁茨构建的所有模型都具有整数轴，而且他们构建的模型略显粗糙。一组特殊的原子基团，即所谓的肽键，应当位于一个平面，但他们却允许了肽键旋转，这使得模型过于灵活。

简言之，他们把一个特点（旋转轴的本质）设置得过于严苛，而对其他特点（比如肽键的平面性）过于随便。因此，他们所有的模型看起来都很丑，而且他们无法区分哪个是最合适的。虽然这个结果并不确切，他们还是决定发表在《皇家学会院报》上。刚巧正式见刊前的校对由我来做（如果我没记错的话，当样稿返回的时候他们三人刚好不在实验室），但当时我的知识还很有限，没有看出这其中的问题。

58 　　在我们不知情的情况下，莱纳斯·鲍林（Linus Pauling）也在使用同样的办法研究这项工作。他现在因为不遗余力地提倡摄入维生素C而家喻户晓，但当时，他可能是世界上最顶尖的化学家。他是把量子力学引入化学（从而解释了一系列现象，比如碳原子为何形成4个键）的第一人，而且是加州理工化学系的教授，手下有一批非常有才干的研究人员。他们当时感兴趣的是利用有机化学来解释生物学中的重要现象。

　　鲍林曾描述过他1948年访问牛津的故事。他得了一场感冒，躺在病床上的时候想出了阿尔法螺旋。当时他还是一个访问教授。他关于阿尔法螺旋的主要论文，以及其他的一些工作，发表在1951年春季的《美国科学院院报》上。由于比剑桥的三位同行更熟悉有机化学，鲍林早就知道肽键近似于平面。他也没有试图让蛋白结构维持一个整数轴，而是让模型自然形成折叠。结果形成的螺旋周期是每圈3.6埃。他也留意到了班福德（Bamford）、汉比（Hanby）、阿佩（Happey）三位多聚体工作者关于人工合成多肽链的X射线衍射图谱的论文，结果与他的模型非常吻合。不过，他的模型没有解释经线上的5.1埃周期，他暂时也没有管。讽刺的是，布拉格、肯德鲁、佩鲁茨最后终于搭建出了一个阿尔法螺旋，不过，为了满足四重对称结构，他们做了许多变形，结果这个模型显得非常造作 —— 现在来看，依然如此。

　　真相很快大白，鲍林的阿尔法螺旋模型是正确的。布拉格备受打击，他上楼梯的步伐都更为沉重（反之，当事情进展顺利的时候，他会一跳一跃地高唱《圣诞节的士兵，前进！》）。"这是我科研生涯最大的失误。"布拉格如是描述，而且输给的又是莱纳斯·鲍林 —— 这已经不是头一遭了。在佩鲁茨的一次讨论会之后，一位当地的物理化学家告诉他，肽键基团应该是平面的。佩鲁茨甚至在笔记本上做了记录，但是并没有派上用场。他们也不是没有试图听取建议，但不幸的是听来的都是一些错误的建议。我曾亲耳听到，牛津的一位理论化学家查尔斯·库尔森（Charles Coulson）告诉他们，氮原子也许是"金字塔形"——这当然非常误导人。[59]

后来，佩鲁茨作出了一个让剑桥的学者稍稍挽回荣誉的发现——他推测，阿尔法螺旋应该在经线的1.5埃处有强烈的反射，这对应于螺旋中不同的水平面，他果然发现了它。与另外两位晶体学家——格拉斯哥大学的弗拉基米尔·凡德（Vladimir Vand）和卡文迪许实验室的比尔·科克伦（Bill Cochran）合作，我们解决了傅立叶变换的一般规律，可以解释规则螺旋体中原子团的排布。科克伦和我发现，这与人工合成多肽的X射线衍射图谱相当吻合。但是，这些发现只会加深我们的挫败感。

那么，问题来了，怎么解释5.1埃的亮点？稍后，鲍林和我各自独立地发现了正确答案。由于阿尔法螺旋的螺距不整齐，它们并不总会并列得非常一致，而是当它们呈一定角度的时候才排列得最好。因此，如果它们稍有变形，就会形成超螺旋，即两三个阿尔法螺旋互相缠绕（这是弱相互作用打破了对称性的一个典型例子）。这种附加的超螺旋把经线点由5.4埃扭曲成了5.1埃。

或许有人认为，既然阿尔法螺旋几乎仅出现于生物体，关于多肽骨架的模型就不应因为它丑而被否定。我更倾向于说，由于分子的简单性，阿尔法螺旋更多地反映的是物理化学的特点，而不是生物学的特点。在这个水平上，演化只有很少的几个可能选项。只有当我们考虑到侧链，以及一个长链与自身折叠的更多方式的时候，蛋白质结构才呈现出更多的可能性。简单由此产生了复杂。优美可能并不存在，也可能过于微妙，第一眼看来怪异或者丑陋的也许就是自然选择"裁定"的最终答案。

60　　　　我的剑桥同仁在"阿尔法螺旋"上的失利对沃森和我的触动极深。由此，我发现，不能高估任何单一实验证据的重要性 —— 它可能是误导信息，比如5.1埃反射点。沃森更为激进，他认为，任何好的模型绝不会与所有事实兼容，因为总有一些数据是误导的，甚至是错误的。一个兼容所有事实的理论肯定是"削足适履"得到的 —— 我们必须抱以怀疑态度。

　　　　人们有时会说，鲍林的阿尔法螺旋或者他关于DNA的错误模型启发了我们的双螺旋模型。这真是荒唐。螺旋的观念人尽皆知，除非你特别孤陋寡闻或者一意孤行，否则你都会朝这个方向思考。我们从鲍林身上学到的是，通过严格细致地构建模型，我们可以大大缩小最终答案的可能性。如果再辅以必要的直接实验证据，也许就足以得出正确的结构。这是我们获得的教益，而富兰克林和威尔金斯在试图解决DNA结构的时候忽略了这一点。除此之外，还有一点，就是不要做出实验无法证伪的假设。还需要指出，沃森和我都非常上心，渴望解决这个问题。即使我们着手处理该问题的方式比较放松，但是当机会出现的时候我们会立刻把握住，并从失败中总结教训，直至成功。

阿尔法螺旋是探索分子生物学崎岖道路上的一块里程碑，但是它的影响力与DNA双螺旋相比还是稍逊一筹。我们最初希望的是，有了阿尔法螺旋以及贝塔折叠这样的基本结构单元，我们也许可以通过建模直接解决蛋白质的结构。不幸的是，大多数蛋白质都过于复杂，过于精细，这套办法根本不可行。简单来说，这两种结构提醒了我们在蛋白质中可以期待些什么，虽然它们没有马上揭示出特定蛋白质的特异性及催化活性。与此相反，DNA的结构立刻就体现出核酸是如何复制的。说到底，DNA比蛋白质简单多了，因此，它的秘密更容易被揭示出来。我们之前对此并不知情——能碰上这么美妙的结构，实乃三生有幸。

鲍林对分子生物学的发展居功至伟，许多人也许没有意识到这一点。这不仅在于他得出了一些关键的发现（比如说，镰刀贫血症的病因在于分子结构出了问题），更在于他采取了正确的理论路径来解决生物学问题。他相信，许多生物现象可以通过业已建立的化学知识得到解释，特别是大分子和各种原子的知识——尤其是涉及碳原子和原子键（共价键、电荷相互作用、氢键、范德华力）的知识。有了它们，我们就可以破解生命的奥秘。 [61]

另一方面，物理学家马克斯·德尔布吕克（Max Delbrück）希望从生物学里发现新的物理定律。和鲍林一样，德尔布吕克当时也在加州理工学院工作。他是噬菌体研究的开拓者，是著名的噬菌体小组的领军人物，沃森曾是该小组的一名新手。我认为，德尔布吕克不大关心化学知识。像大多数物理学家一样，他认为化学无非是量子力学的琐碎应用。他没有充分意识到，自然选择不只能够产生出许多类型的蛋白质，更能构建出令人惊叹的结构。

　　迄今为止，时间已经证明，鲍林是正确的，而德尔布吕克是错误的，后者在他的《来自物质的心智》（ *Mind from Matter* ）一书中承认了这一点。关于分子生物学的一切知识似乎都可以用标准的化学方法来解释。我们现在明白，分子生物学绝不只是生物系统里微不足道的一部分，分子生物学位于生物系统的核心。生命的所有方面几乎都是在分子水平上工作的，如果不理解分子机制，我们对生命的理解就非常粗略。所有在更高水平上的方法都需要在分子水平上得到确认。

第 6 章
在双螺旋的光环下

双螺旋DNA确实是一种神奇的分子。现代智人的历史大约5万年,[62]文明的历史不过1万年,美国的历史仅两百多年,但是DNA和RNA已经存在了几十亿年。在这几十亿年里,双螺旋一直都存在,并且发挥着作用,但直到现在我们才开始认识它们。

关于发现双螺旋的故事,许多人已经从许多角度讲过多次,我很难再谈出什么新意来。每个学校的孩子都知道,DNA是由四种字母写成的一串长长的化学信息。两条链的骨架几乎完全一致。四种字母,即四种碱基,以有序的间隔连接在碳骨架上。通常来说,DNA的结构中包含了两条链,互相缠绕成双螺旋,但是螺旋本身并非DNA结构的真正秘密 —— 其真正的秘密在于碱基配对:腺嘌呤与胸腺嘧啶,鸟嘌呤与胞嘧啶。或者简写成A═T、G≡C,其中的横线代表氢键。正是碱基之间特异性的配对确保了复制的准确进行:无论其中一条链的序列为何,另外一条链必定是对应的互补序列,且严格遵守碱基配对原则。生物化学主要的原则之一就是有机化学分子的紧密结合,DNA [63]分子也不例外(更详细的解释参见附录甲)。

DNA并不是一个耳熟能详的词汇,在三十年前,更不是人人都知道它。物理化学家保罗·多蒂（Paul Doty）告诉我，在定制纽扣流行不久，他在纽约就发现有写着"DNA"的小玩意了，他大为吃惊。他想着肯定有其他含义，就问老板这是什么意思。"听好了，伙计，"老板用浓浓的纽约腔告诉他，"这是 —— 基因。"

现如今，大多数人都知道DNA是什么，否则他们可能会以为这又是一个什么坏东西，就像"化学物质"或者"人工合成"那样。幸运的是，那些听说过沃森和克里克名字的人往往也搞不清谁是谁。不止一回，许多热情的崇拜者跑来告诉我，他们多么喜欢我的书 —— 意思是，吉姆写的《双螺旋》。经过了多次误会，我现在明白了最好的回应是不作解释。更加意外的一次，是在吉姆1955年重返剑桥工作之后。一天，我去卡文迪许实验室上班，发现同行的是内维尔·莫特（Neville Mott），新科卡文迪许教授（布拉格当时已经去了伦敦的皇家学院）。我跟他说："给你介绍一下沃森，他正好在你的实验室工作。"莫特颇为诧异地望着我："沃森？还有哪个沃森？我一直以为你叫沃森·克里克。"

有人仍然觉得DNA难以理解。我在檀香山的一家酒吧遇到过一位歌手，她告诉我，念书的时候，她曾经诅咒过沃森和我，因为我俩害得她不得不死记硬背那些生物学知识。事实上，DNA的结构，如果传授的方式得当，是非常容易理解的，因为它不像量子力学或者相对论那样与常识相悖。我认为核酸之所以如此简单是有原因的。它们可能可以追溯到生命的起源，或者至少非常接近起源的地方。那时只有非常简单的机制。当然，这些化学分子的存在本身只能通过量子力学得到解释，但是好在化学分子的形状可以用相当简单的机械模型来体

现 —— 正是这一点使得DNA的观念易于理解。

　　考虑到有些读者碰巧还没有听说过双螺旋是如何发现的，下面我将提供一个简短的概括。利兹大学的阿斯特伯里曾拍摄到DNA纤维 [64] 的X射线衍射照片，但是质量不高。第二次世界大战之后，当时在伦敦国王学院的兰道尔实验室工作的威尔金斯拍得了几张更好的照片。兰道尔之后雇了一个有经验的晶体衍射学家，富兰克林，来帮助解析DNA的结构。不幸的是，富兰克林和威尔金斯工作上有点合不来。他希望她集中研究更湿润的形式（即所谓的B型），这可以得到更简单的X射线图谱，比更干燥的形式（A型）能揭示更多信息，虽然后者可以得到更加清晰的X射线图片。

　　在剑桥，当时我的博士论文研究课题是用X射线解决蛋白质结构。吉姆·沃森，美国来的访问学者，当时只有23岁，一门心思想要发现基因是什么，并希冀通过解决DNA的结构来实现这个目的。我们建议伦敦的同事们采用建模的方法来研究该问题，就像鲍林用建模的办法解决了阿尔法螺旋那样。我们自己先得出了一个完全错误的模型，鲍林后来也得到了一个错误的模型。最终，一番波折之后，吉姆和我提出了正确的模型。这依赖于伦敦小组的部分实验数据，以及查可夫发现的DNA中四种碱基的相对含量。

　　我最初是从奥黛尔那里听说吉姆的。一天我回到家里，她告诉我，"马克斯刚来过这里，带着一个美国小伙子想要让你认识 —— 你知道吗？ —— 他是个秃头！"奥黛尔的意思是吉姆留着平头，这在剑桥还是非常新奇的事情。后来吉姆入乡随俗，头发越来越长，不过他的头发从来没有长到60年代嬉皮士的长度。

吉姆和我一见如故，部分原因是我们的兴趣惊人地相似，还有部分原因——我推测——我们都有点年少轻狂，对繁冗拖沓的思考都没有耐心。吉姆显然比我更口无遮拦，但是我们的思维方式相当类似，不同的是我们的知识背景。那个时候，我对蛋白质和晶体衍射有了一定的知识。吉姆对这些知道得不多，但是非常了解关于噬菌体的工作，特别是德尔布吕克、萨尔瓦·卢里亚（Salva Luria）和赫希（Al Hershey）领衔的噬菌体小组相关的工作。吉姆同时也更了解细菌遗传学。我推测我们对经典遗传学的知识大致相当。

不消说，我俩总是聚在一块讨论问题。这让我们显得有点与众不同。卡文迪许的实验室本来很小——在1949年的一段时间里，我们都挤在一间屋子里。到了吉姆加入的时候，佩鲁茨和肯德鲁已经有了一个很小的私人办公室。这个时候，我们组分到了一个更大的房间。一开始，大家并不清楚这间小办公室分配给谁，直到有一天，佩鲁茨和肯德鲁搓着手向大家宣布，那间屋子分配给吉姆和我，原因是"……这样你俩讨论问题的时候就不会打扰到大家了。"事后来看，这真是一个幸运的决定。

当我们结识的时候，吉姆已经拿到博士学位了，我虽然年长12岁，却还是一名在读研究生。在伦敦，威尔金斯开始利用X射线研究DNA，随后富兰克林接手，并扩展了这方面的工作。虽然吉姆和我整天都在讨论问题，但是我们从来没有做过任何关于DNA的实验工作。因为鲍林树立的榜样，我们相信解决DNA结构的途径是构建模型。伦敦的同仁们则采取了更为艰辛的办法。

我们最初的尝试以彻底失败告终，因为我非常错误地认为，DNA结构中只有很少量的水分。这个错误一部分是由于我自己的无知 —— 我本该意识到盐离子可能亲水，一部分是由于吉姆误会了富兰克林在讲座中使用的晶体学术语 —— 他混淆了 "非对称单元"（asymmetric unit）和 "单元细胞"（unit cell）。

我们犯的错误当然不止于此。由于对 "互变异构体"（tautomeric forms）理解得不够深入，我误认为碱基周边的氢键可能有好几种不同的位置。后来，我们实验室的一位美国晶体学家杰里·多诺霍（Jerry Donohue）告诉我们，教科书上的某些化学式有错误，实际上每种碱基几乎只有一种特定的构型。从此以后，形势就明朗多了。

核心发现是吉姆笃定了两种碱基配对的本质（A与T，G与C）。他的这个结论不是基于逻辑推理，更像是意外收获 [合乎逻辑的办法是这样的：首先，假定查科夫的原则是正确的，这样就只有一种可能的配对方式；其次，根据DNA纤维图谱中的C2空间基团来寻找二重的对称性（dyadic symmetry），这样我们很快就会得出正确的碱基配对 —— 如果有必要，我们肯定会采取这套办法的]。在某种意义上，吉姆的发现确实有运气的成分，实际上，大多数发现都有一丝运气的成分。重点在于，吉姆在寻找某种关键的东西，而且当他发现碱基配对的时候就立刻意识到了它的重要性 —— "机遇偏爱有准备的头脑"。这个插曲也证明了对科研要保持必要的游戏态度。

　　1953年上半年，吉姆和我共写了4篇论文探讨DNA的结构与功能。第一篇发表在4月25日的《自然》杂志上，在同一期发表的还有伦敦国王学院的两篇论文，一篇由威尔金斯、斯托克斯、威尔逊所作，另一篇由富兰克林和戈斯林所作。五周之后，我们在《自然》杂志发表了第二篇论文，讨论的是双螺旋结构的遗传学意义（论文署名顺序是通过抛硬币决定的，两次都是吉姆排前）。关于这个问题的更一般性的讨论，发表在了当年由冷泉港举办的一次病毒学术会议报告里。关于双螺旋结构的更细致的技术性描述，1954年发表在了一个不知名的刊物上。

　　第一篇《自然》论文既简短又审慎。除了双螺旋结构本身，该文唯一可圈可点的是这句："我们当然没有忽视，我们所假定的碱基配对立刻暗示出遗传材料的一种可能的复制机制。"许多评论认为这句话有点"傲娇"，这个词一般不会用来描述作者，起码是科学工作者。事实上，这是妥协的结果。我本打算在这篇文章中讨论双螺旋的遗传学意义，而吉姆表示反对。他担心万一这个结构搞错了，我们就闹大笑话了。我理解他的观点，但是坚持必须在论文里提到这一点，哪怕点到为止，否则其他人也会指出来，并误认为我们可能没有注意到它。说白了，我是想证明我们的首创权。

　　那么，为什么我们改弦更张，在几周之内就写了第二篇推测性的论文，并发表在了5月30号？主要原因在于，当我们把第一篇论文的初稿寄给国王学院同事的时候，我们没有读到他们的论文，因此我们尚不知道X射线的证据如此强烈地支持我们的结构。吉姆提前看到过富兰克林和戈斯林在他们论文中发表的那张关于B型DNA结构的X

射线"螺旋图",但他肯定没记住其中所有细节,包括关于Bessel函数的论证以及其中的距离参数。我自己当时还未见过那张图。因此看到他们取得了如此大的进展,我们有点意外,并且很欣喜地看到他们的证据支持我们的想法。有了最新的支持,我就可以很轻松地说服吉姆,我们应该写第二篇论文。

关于双螺旋的发现,我认为应该强调的是,从科学上来说,发现它的途径相当平常。真正重要的不是如何发现它的,而是发现的东西——双螺旋结构本身。看一看其他的科学发现吧——误导人的数据、错误的想法、人际冲突,这些故事在科学发现中屡见不鲜。以胶原蛋白结构的发现为例。胶原蛋白是肌腱、软骨和其他组织的主要成分。胶原蛋白的基本纤维由三条长链彼此交错而成。它的发现过程与双螺旋的发现相比毫不逊色:涉及的人物也是很有个性,事实也是非常混乱,错误的办法也非常误导人,竞争与合作同样惊心动魄。但是从来没有人写过三螺旋的故事。原因当然在于,恕我直言,胶原蛋白不如DNA那么重要。

当然,何为重要本身就是个见仁见智的问题。在亚历克斯·里奇和我研究(非常巧合的是)胶原蛋白之前,我们对它颇为不屑。"毕竟,植物里没有一点胶原蛋白。"到了1955年,当我们对这个分子感兴趣之后,我们发现自己常说的是,"你知道吗,人体中1/3的蛋白质都是胶原蛋白。"但是无论从哪个角度看,DNA都比胶原蛋白更加重要,更接近生物学的核心,对后续研究的意义更大。因此,正如我之前多次说过的那样:真正迷人的是DNA分子,而不是研究它的科学家。

整个故事中最奇怪的一点是，无论是吉姆还是我，研究DNA都不是我们的正式工作。我当时还在读研究生，毕业课题是关于利用X射线衍射测定多肽和蛋白质的结构，而吉姆的工作是来剑桥帮助肯德鲁研究结晶肌球蛋白。作为威尔金斯的朋友，我听说了许多关于DNA的工作——这得到了他们的许可，而吉姆在那不勒斯听了威尔金斯的报告之后就被衍射问题深深吸引住了。

人们常常问吉姆和我花了多少时间研究DNA。这取决于你怎么定义"研究"。在差不多两年的时间里，我们经常讨论这个问题，无论是在实验室，还是在午餐时间沿着河畔的校区花园散步，或是在家里（因为吉姆有时候在晚饭时间造访我家，眼神里满是"饿意"）。有时候，特别是当外面的夏日格外诱人的时候，我们下午就不上班，到格兰切斯特河上泛舟。我们俩都认为DNA非常重要，虽然没有意识到它会像我们今天知道的这样重要。最初我以为利用X射线衍射解决DNA纤维结构的会是威尔金斯、富兰克林和国王学院的其他人，但是慢慢地，吉姆和我对他们按部就班的工作步骤越发感到不耐烦。此外，富兰克林和威尔金斯之间的不快也拖了他们的后腿。

我们所采取的研究方法的不同之处在于，吉姆和我对阿尔法螺旋的发现过程一清二楚。我们明白，知道了原子之间的距离及角度，余下的可能性就不多了，而规则的双螺旋又进一步缩减了自由度。国王学院的同仁们对这样的办法不是特别热心。特别是富兰克林，她对自己的方法格外情有独钟。我猜她可能觉得，只靠这一丁点的实验数据就开始推测结构模型，未免异想天开。

对于富兰克林作为一名女性科学家受到了不公的待遇，已有许多讨论。毫无疑问，当时确实有许多令人厌恶的限制，比如有些屋子仅为男性教员准备，女性是不允许进去喝杯咖啡的，但是这些都无足轻重，起码在我看来是这样。就我所见，她的同事们对不同性别的科学家都一视同仁。在兰道尔的实验室里还有其他的女性，比如鲍琳娜·柯万（Pauline Cowan）。此外，他们的科学导师是费尔（Honor B. Fell），一位知名的组织培养学家。我知道的唯一反对声音来自富兰克林的家人。她出身于殷实的银行世家，他们认为一个犹太好姑娘应该 ⁶⁹ 结婚生子，而不是投身于科学研究，但是即便如此，她的家人也没有阻拦她的职业选择。

虽然她可以自由选择职业，但是我认为还有其他更微妙的限制。富兰克林和威尔金斯合不来的部分原因在于，她觉得威尔金斯只是把她当作助手，而不是一位独立的同事。富兰克林研究DNA，并非因为她认为这个大分子特别重要。当兰道尔最初给她这份职位的时候，他们计划由她来研究蛋白质溶液的X射线衍射。富兰克林之前做过煤炭的X射线衍射研究，所以这个计划可以说非常合适。后来兰道尔改变了主意，因为DNA纤维的工作（当时威尔金斯正在进行的工作）越来越有意思，兰道尔建议她不妨也研究DNA。我觉得，富兰克林此前对DNA可能都不大了解。

有些女权主义者认为富兰克林是她们阵营中的先烈，但是我认为事实并非如此。跟富兰克林非常熟悉的艾伦·克鲁格（Aaron Klug），曾就一本女权主义的书跟我说过，"富兰克林肯定非常厌恶这本书。"在我看来，富兰克林并不觉得自己是男女平权的先驱，她渴望的只是别人把她当作一位严肃的科学家来对待。

无论如何，富兰克林的实验工作都是非常出色的，很难设想做得更好了。不过，说到如何解释 X 射线衍射图片，她就不大在行了。她的所有工作都非常得当——几乎过于得当。她缺少的是鲍林的霸气（panache）。而这种情况发生的原因之一，除了两人的气质不同之外，就是她认为女性必须时刻体现出专业素质。吉姆对自己的能力就没有这样的顾虑。他就是想知道问题的答案，无论是通过适当的方法还是有点"浮夸"的方法，他一点也不介意。他想的只是尽快地知道答案。人们有时会说这是因为我们过于喜欢竞争，但是事实并不支持这个说法。当我们满怀热情地建模的时候，我们把这套方法也教给了威尔金斯，甚至还借给了他制作模型必需的模具。当然，我们也许做得还不够（他们从来没有用过我们的模具），但这并不是出于竞争心态，而是因为我们热切地想知道结构的细节。

这些，当然，都是对我们有利的因素。我相信除此之外还有两个。无论是吉姆还是我，都没有感到任何外在的压力需要我们必须解决这个问题。这意味着，我们可以在一段时间里集中精力研究这个问题，然后搁下一段时间。另外一个优势是，我们逐渐形成了一套不言自明但是非常有效的合作方式，这是伦敦的小组里所没有的。在吉姆和我之间，无论谁提出了一个新的想法，都会得到严肃认真的对待，另一个人都会以一种开诚布公且毫无恶意的方式批评它。事后来看，这非常关键。

在解决科学问题的过程中，我们几乎不可避免都会陷入误区。我

已经列出了自己犯过的一些错误。现在，我们谈点正面的结论。正确
地解决问题往往需要有次序的逻辑步骤。如果其中一环错了，那么你
可能就走上了错误的轨道，离正确答案越来越远。因此，不陷入自己
的误区里就非常关键。如何做到这一点？智识上的合作可以帮你从
这些误区中走出来。一个典型的例子是吉姆最初坚持磷酸基团必须在
结构中央。他的理由是：组氨酸以及核蛋白的长碱性侧链才可以深入
到DNA中央与磷酸基团接触。我强烈认为这个理由非常牵强，我们应
该忽略它。一天晚上，我跟吉姆说："为什么我们不试试把磷酸基团
放在外面呢？""因为那样就太简单了。"(意思是说那样会有许多种
可能的模型。)"为什么不试一试呢？"我说。吉姆一声不吭地走开了。
也就是说，到那时为止，我们还没有建成一个满意的模型，所以任何
一个可以接受的模型都是进步，哪怕它不是独一无二的。

　　这次争论的重要意义在于，我们的注意力转向了碱基。当磷酸在
内部而碱基在外部的时候，我们可以不必在乎碱基的形状和位置。而
一旦我们将碱基置于内部，我们就必须更加细致地研究它们。一个新
发现令我忍俊不禁：我们按照比例做出来的碱基模型的时候，虽然形
状跟我想的差不多，但是尺寸要大得多！

　　因此，对于我们花了多长时间解决DNA结构的问题，没有一个简 71
单的回答。1951年末，我们有一段时间特别专注于建模，但是在那之
后，我被禁止再做任何这方面的工作，因为我还是一个研究生。1952
年夏天，有一两个星期我打算做实验来看看是否可以找到证据支持碱
基在溶液中配对，但是因为博士论文的工作我不得不提前放弃这方面
的探索。最后一次解决DNA的结构，包括测量模型的配位信息，仅仅

花了几周时间。在此之后不到一个月，我们的论文就发表在了《自然》杂志上。如果只算最后一部分工作，当然短得不可思议，但是之前花在阅读和讨论上的时间当然也应该包括在内，因为正是这些阅读和讨论才使得我们可能提出最后的模型。

不久我们就发现，我们的模型有一些细节错误。在 G、C 之间我们只有两个氢键，虽然我们意识到也许有三个。鲍林随后雄辩地论证了为何 G、C 之间是三个氢键，因此看到我在《科学美国人》上的文章中的附图仍然是两个氢键之后大为光火。这件事确实不是我的错。事实上，编辑过于匆忙（他们通常都是如此），我从来没看到校对样稿。此外，模型中的碱基也离中心太远了。但是，虽然有这样那样的错误，我们的模型还是抓住了双螺旋的所有关键性质：双螺旋呈反向平行，这是我从富兰克林的数据中推断出的一个性质；磷酸骨架在外面，核酸镶嵌在里面；最重要的是，特定碱基的配对。

还有几点不容忽视。这需要相当的勇气（或者叫鲁莽，取决于你怎么看），以及一定的专业知识，暂时搁置双螺旋如何解开的问题，并拒绝平行结构。在我们的模型见刊不久，宇宙学家伽莫夫提出过这样的平行模型，最近又有两位作者重提了这个想法。请允许我快进到现在来讨论这两种模型。按他们的提议，DNA 的双链没有交错，而是像两条铁轨一样平行。他们认为，这样的结构将使得双链更容易解开。每条链的确有点摇摆，因此，乍看起来，它们提出的结构与我们的区别不大。他们声称，这些新模型同样与 X 射线衍射数据吻合，与我们的也不相上下。

　　我一点也不相信这些模型。对于衍射图谱的说法我也非常怀疑,[72]因为这样的模型会在X射线纤维图上的空白区域内留下几个亮点。此外,他们的模型样子都很丑,因为它们的形状是建模者强加给它们的,而没有明显的结构理由。

　　不过,这样的反驳并不充分,而且很容易被归因于我的偏见。这两组科研人员相当敏锐地感到他们不属于科研的主流,权威专家甚至不理睬他们的意见。事实恰恰相反,包括《自然》杂志编辑在内的每一个人都特别注意给他们表达意见的机会,以示公平。

　　这时,一位纯数学家比尔·博尔(Bill Pohl)也参与了进来。他非常正确地指出,除非有新的非常规事件发生,环状DNA复制产生的两条DNA都会互相连锁,而不是彼此分离。由此他推断,DNA双链不可能像我们提议的那样互相连锁,而必然彼此平行。

　　我与他有过较长的通信来往,也打过电话。后来他还访问过我。他对实验细节相当了解,但依然坚持他的观点。在一封信里,我告诉他,如果大自然果真偶尔产生出两条互相盘绕的环状DNA,那么肯定也进化出了一种特殊的机制可以解开双链。他认为这是未经实验证实的强辩,丝毫不为所动。多年之后,人们发现事实的确如此。尼克·康扎若利(Nick Cozzarelli)和他的同事们发现了一种特殊的酶,称为二型拓扑异构酶(topoisomerase II)。该酶可以切开一条DNA的双链,绕过另外一条DNA,然后重新接上断开的双链。因此,它可以解开两条交织在一起的环状DNA,甚至,当DNA浓度非常高的时候,分离的DNA中也会产生出交织的DNA。

　　幸运的是，沃特·凯勒（Walter Keller）和吉姆·王（Jim Wang）就环状DNA的"交织次数"做了许多杰出的工作，表明所有这些"平行双链"的模型（side-by-side models）必然是错误的。两条环状DNA解旋的次数与我们的模型预言的一致。我对这个问题思考得很多，在73 1979年我特地和吉姆·王、比尔·鲍尔（Bill Bauer）一道写了一篇评述文章，题为《DNA真的是双螺旋吗》（Is DNA Really a Double Helix），相当细致地考察了所有相关的论证。

　　不过，我不大确定这是否足以说服坚定的怀疑论者，虽然这个时候比尔·博尔已经投诚了。幸运的是，此时有了新的发现。仅靠先前的X衍射数据无法做出充分的论证，原因有二：一、X衍射图片里的信息毕竟不够完整；二、我们必须首先假定一个临时的模型，然后利用相当有限的数据检测它。

　　到了20世纪70年代末期，化学家发明了一套有效的方法来合成已知序列的短链DNA。如果运气好的话，这些短链DNA还可以结晶。通过X射线衍射以及其他不含歧义的办法（比如同形置换），人们可以清楚无误地解析它们的结构。此外，这种晶体的X衍射点图像比先前纤维图谱的分辨率更高。部分原因在于，之前的DNA纤维是各种不同序列的DNA的混合，得到的是所有图像的平均值，因此更为模糊。

　　利用这样的短链DNA，里奇和他在MIT的研究小组，以及迪克·迪克森（Dick Dickerson）和他在加州理工的同事，获得了一个意外发现。X射线衍射表明，这些DNA是从未见过的左旋结构，看起来相当扭曲（zigzag）。它们被称为Z-DNA。它的X射线图谱与经典的DNA模型也很不一致，因此，它们很显然是一种新型的DNA。后来发现，在某种特定的碱基序列（嘌呤和嘧啶交错出现）中，这样的Z-DNA最容易出现。它们在自然界中的功能究竟是什么？这依然是一个活跃的研究课题。一个猜测是它可能具有调控功能。

更多的常规DNA很快得到了结晶。这一次得到的结果非常类似于DNA纤维的X射线数据，不过，在不同的局部碱基序列，都有一点细微的变化，双螺旋也都稍有不同。这也是一个活跃的研究领域。

直到20世纪80年代早期，DNA的双螺旋结构才最终得到证实。我们的模型从最开始的比较有可能，到非常有可能（多亏了DNA纤维 74 方面的细致工作），最终到几乎肯定正确，前后历时25年。虽然它整体上是正确的，但是具体细节还是有所偏差。当然，关于DNA序列的化学及生物化学性质方面的工作，碱基互补配对（这是DNA的核心功能）及双链反向平行的特征很早就确定了。

在科学史上，理论变成"事实"（人们公认的）往往需要经历一个曲折的过程，DNA双螺旋的确立就是一个很好的例子。我猜测，20年到25年之后，许多人都有推翻传统观念的强烈愿望。每一代人都有新的潮流。在双螺旋的例子中，虽然事实俱在，但是上一代人很难接受这个新模型。在非科学领域，拒绝这样的挑战更加困难，因为新观念往往会因其新颖而流行。新，即一切。无论是科学还是非科学领域，新途径总是试图保留一部分传统观点，因为最有效的创新总是脱胎于既定传统。

　　那么，吉姆和我的贡献是什么呢？如果我们有任何值得称道的地方，那就是我们对问题的不懈追求，以及当一个想法站不住脚的时候果断抛弃它。鉴于我们走过如此多的弯路，尝试过如此多错误的模型，有人觉得我们不是非常聪明。但这是科学发现的必由之路。许多努力之所以失败并不是因为人们不够聪明，而是因为探索人员陷入了死胡同或者半途而废。常有人批评，我们对解决双螺旋所需的各个方面的知识掌握得不够全面，但是，起码我们努力掌握它们，而这些批评家却看不到这一点。

　　尽管如此，我们并不认为这有那么重要。我认为，吉姆和我的贡献在于：我们在科研生涯的早期就选择了合适的问题，并坚持不懈地做下去。我们跌跌撞撞地发现了金矿，这固然没错，但是这也是因为我们在寻找金矿。我们俩不约而同地认为：分子生物学的中心问题是基因的化学结构。遗传学家赫尔曼·穆勒（Hermann Muller）早在20世纪20年代就指出了这一点，从那以后，其他人也持有相同的观点。而吉姆和我的感觉是：事情也许没有看起来那么复杂，也许有解决问题的捷径。有趣的是，对我来说，部分底气在于对蛋白质的详细了解。我们毕竟无法直接看到真相，但是我们认为这个问题非常重要，所以才会孜孜不倦地投入很多时间，从所有可能的角度做艰苦的思考。事实上，没有任何人准备做如此大的智力投资，因为这不仅需要掌握遗传学、生物化学、化学以及物理化学（包括X射线衍射——谁愿意去学它呢？），而且需要沙中淘金，从各种数据中去伪存真。这样的讨论对人要求非常高，有时显得没完没了，简直令人精神崩溃。如果对这个问题没有强烈的兴趣，恐怕无法维持这种高强度的思考。

　　不过，历史上其他的理论突破往往体现出同样的模式。跟整个科学界的其他同仁相比，我们的思考并不是最艰苦的，但是比起生物学里的绝大多数同行，我们思考得更加刻苦。那个时候，除了遗传学家，以及噬菌体小组的人，一般人都认为生物学缺乏清晰的逻辑。

　　当然，总是有人会追问，如果沃森和我没有提出DNA结构会怎么样。人们常说，历史学家对这种"假设历史"的思考方式评价不高，但是，如果历史学家对这样的问题不能给出一个合理的解释，我实在想不通历史分析还研究什么。如果吉姆不幸被网球击中，一命呜呼，我可以相当肯定我自己恐怕解决不了这个问题，但是如果不是我们，那又会是谁呢？吉姆和我一致认为，如果鲍林看过国王学院的X射线数据，他肯定可以解决DNA的结构。但是鲍林自己却说，虽然他第一眼就很喜欢我们提出结构，但是他思索了一番才最终认识到自己的模型是错误的。如果没有看到我们的模型，他自己恐怕永远也想不到。富兰克林离发现答案只有两步之遥。她只需要意识到双链呈反向平行，还有，当碱基在正确构象的时候，可以两两配对。不过，当时她正准备离开国王学院，终止DNA方面的工作，去和贝尔纳一道研究烟草花叶病毒（5年之后，37岁的她就去世了）。威尔金斯在知道我们的结构之前曾向我们宣布，他打算全心全意地研究DNA结构的问题。经过我们三番五次的劝说，他决定也来尝试建模的方法。如果吉姆和我没有成功，我认为双螺旋的发现也不过延迟三五年。

76

　　不过，冈斯·斯坦特（Gunther Stent）提出过更一般的问题，也得到了彼得·梅德沃（Peter Medawar）的支持（他是一位思维特别周密的思想家）。这个问题就是，如果沃森和我没有发现DNA的结构，假定DNA不是突然被发现，而是一点一点地被揭示出来，它的影响力恐怕要弱很多。基于这样的原因，斯坦特主张：人们往往羞于承认，科学发现其实更接近于艺术。风格与内容同样重要。

对于这种主张我不是完全认同，起码在DNA这个例子不适用。与其说是沃森和克里克造就了双螺旋，我更愿意说，是双螺旋造就了沃森和克里克。毕竟，当时我还籍籍无名，而沃森给人的印象也是聪明有余可靠不足。但是我认为这样的主张其实忽视了DNA双螺旋结构的内在美。真正迷人的是DNA分子，而不是研究它的科学家。遗传密码的发现也不是一蹴而就，但是当真相大白之后回头再看，它的影响力一点也不逊色。即使发现新大陆的不是哥伦布，那又怎么样呢？更为重要的是，人们有了发现之后，还有足够的人力财力来充分利用这个发现。关于发现DNA双螺旋的历史，我认为真正值得注意的是这个方面，而不是其中的个人因素，无论在其他的科研人员看来这个故事多么有趣或有启发。

说到底，"如何评价双螺旋结构"是一个科学史问题。自然，历史学问题没有一个简单的回答，仁者见仁，智者见智，而且看法也会随时间而变。不过，毫无疑问的是，双螺旋结构对一批活跃且富有影响力的科学家相当迅速地产生了可观的影响。多亏了马克斯·德尔布吕克，最初的三篇论文马上被散发给了参加1953年冷泉港学术研讨会的所有与会人员，而且沃森也受邀做了个报告。随后，我在纽约的洛克菲勒研究所做了一次报告。事后有人告诉我，这激发了人们的兴趣。部分原因在于我同时展示了我对该课题的热情以及对实验证据的相当冷静的评估。故事的线索大致就是1954年10月发表在《科学美国

人》杂志上的那篇文章。布伦纳当时刚刚在牛津大学欣谢尔伍德的指 77
导下拿到他的博士学位，他成了我们在冷泉港的代言人。他费了不少
力气向米里斯拉夫·德梅勒克（Milislav Demerec）（当时冷泉港的主
任）讲明白了双螺旋是怎么一回事（布伦纳1957年正打算从南非移居
到剑桥，之后我们成了最亲密的搭档，与我共用实验室长达20年）。
但不是每个人都认可这个发现。巴里·考门（Barry Commoner）坚持
认为，物理学家对生物学的理解未免失之过简（这其实有点道理）。
当我1953—1954年拜访查可夫的时候，他以一贯的充满洞察力的口
吻告诉我，我们第一篇《自然》论文有点意思，不过第二篇就乏善可
陈。1959年，杰出的生化学家弗里茨·李普曼（Fritz Lipmann）邀请
我到洛克菲勒做一个系列演讲，我在和他谈话的时候才意识到，他并
没有把握到我们对DNA复制机制的理解（我同时也意识到他跟查可
夫聊了不少）。不过，到了系列演讲结束，他做总结陈词的时候，他
对我们的理论做出了一个非常出色的概述。生化学家亚瑟·科恩伯格
（Arthur Kornberg）曾告诉我，他刚开始研究DNA复制的生物化学原
理的时候，并不相信我们提出的机制，但是他所做的出色工作说服了
他自己，转而加入了我们的阵营。要知道，他一直都是一位非常谨慎
苛刻的科学家。他的工作首次为DNA的双链呈反向平行提供了证据。
无论如何，在我看来，我们得到了相当的关注，比艾弗里要幸运，比
孟德尔更是幸运。

　　生活在双螺旋的光环下是什么感觉呢？我认为我们马上就意识
到我们可能误打误撞地得出了重大发现。根据吉姆回忆，我走到老鹰
酒吧（正对着我们每天吃午饭的地方），告诉每一个人我们发现了生
命的奥秘。对此我毫无印象，但是我的确记得回家的时候告诉奥黛尔

我们可能有了重大发现。多年之后，她告诉我她一点也不信。"每天回家你都这么说，时间长了我根本不再当回事了好嘛。"布拉格当时感冒了，正好不在实验室。后来他看到模型，并理解了其中的基本概念，马上就特别兴奋起来。过去的不愉快涣然冰释，他成了我们最坚定的支持者。来参观我们实验室的人络绎不绝，包括从牛津来的一个访问团（布伦纳也是其中之一），以至于吉姆很快就对我重复不倦的热情感到了不耐烦。事实上，他一度变得有点退缩，怀疑这只是黄粱一梦，但是来自国王学院的实验证据令我们倍感振奋。到了夏天，我们大部分的怀疑都已经消散，我们终于可以冷静地审视双螺旋，区分哪些是偶然特征（这些多少有点不准确），哪些是根本性质（这些才经得起时间的检验）。

在这之后的数年，我们的生活非常平静。我把在剑桥的住所命名为"金螺旋"，并在门口立起了一个简单的铜质螺旋。它只是一个单螺旋，而不是双螺旋。它的本意只是象征螺旋，不是象征DNA。之所以用"金"这个字眼是为了表示它的美，类似于阿普列尤斯把他的故事称为"金驴记"。人们有时问我是否打算给它镀一层金，但是我们仅仅是把它染黄了而已。

最后，人们可能会问一个私人问题——我对得出这个发现是否满意？我只能这么回答：无论是高潮还是低谷，我享受了探索的全过程。当然，这对我日后宣传揭开遗传密码的工作帮了大忙。但是要说心里话，我只能引用几年之前画家约翰·敏顿（John Minton）在剑桥讲演时谈及艺术创作感言，"重要的是，当画绘出来的时候，我在那里。"而这，在我看来，一部分是运气，另一部分是良好的判断、灵感以及坚持不懈的努力。

　　20世纪50年代早期，剑桥有一个规模不大且颇为隐秘的生物物理学俱乐部，名为"哈代俱乐部"（是为了纪念剑桥一位由动物学家转行而成的物理化学家）。时至今日，该俱乐部的一些成员顶着各种光环，其中不乏诺贝尔奖得主和皇家学会会员，但在当时，我们都相当年轻，默默无闻。当时值得骄傲的只有一名皇家学会会员阿兰·霍奇金（Alan Hodgkin）、一位上议院成员维克特·罗斯柴尔德（Victor Rothschild）。吉姆受邀给该俱乐部的一次集会做一个报告。演讲人照[79]例先要在皮特屋子（Peterhouse）里享用一顿精美的晚餐，饭前有雪利酒，饭中有葡萄酒，如果演讲人乐意，饭后还有更多的酒。我曾见过不止一位主讲人喝高了之后不知所云。吉姆也不例外。虽然他勉强讲了一个大体上还完整的故事，提到了双螺旋的主要特点以及相关证据，但他最后总结的时候有点语无伦次。他盯着双螺旋模型，醉眼迷离，反复念叨，"它多美啊，你看，它多美啊！"的确，双螺旋很美。

第 7 章
关于 DNA 的书籍与电影

80　　　多年以来，双螺旋发现的故事吸引了许多人的注意，从科学史家
到好莱坞电影制片人，而最出名的文字记录要数吉姆·沃森的《双螺
旋》（ *The Double Helix* ）了。1968年甫一出版就成了畅销书，销量至
今不减。它也引发了许多有趣的评论，诺顿出版社择其精华，在日后
的版本中一并出版。查可夫以他一贯的个性，拒绝了一并印刷他的评
论的邀请。冈斯·斯坦特就该书以及这些评论发表了一篇非常精到且
中肯的点评。

　　　我记得，当吉姆开始写作那本书的时候，他趁我们一起吃晚饭的
时候念了其中一段给我听 —— 这发生在靠近哈佛广场的一家小餐馆。
我发现自己很难把他的记录太当真。我颇为疑惑："谁会读这些玩意
啊？"可见我是多不通世故啊！多年以来，我一直专注于分子生物学
中的迷人问题，在某种意义上，这种专注让我生活在了象牙塔里。我
所接触的人，很大程度上，也只从智识的层面关心这些问题，因此，
我默认其他人都是如此。时至今日，我当然开窍了。对于普通人来说，
新鲜的知识只有与已有的知识联系起来的时候才能体会到其中的妙
处，但是他们的科学知识往往少得可怜，每个人更熟悉的是各种各样
81　的人类行为。比起科学细节，人们更容易理解关于竞争、挫折、敌视

的故事，而且发生在不乏派对、美女、河畔泛舟的牛津校园。

　　时至今日，我才体会到吉姆的写作技巧是何等高超，不仅让这本书读起来像是侦探小说（好几个人都告诉我他们读起来爱不释手），还穿插讲述了大量的科学，虽然其中涉及数学的部分被省略了。唯一令我惊讶的部分在于吉姆对诺贝尔奖的渴望。佩鲁茨、肯德鲁和我从未听到吉姆谈起过这件事，所以如果他当年确实动过这方面的心思，他也只是藏在自己心里了。在我们看来，他是因为意识到了这个问题的科学重要性才研究DNA的。就我而言，直到1956年弗兰克·普特南（Frank Putnam）的一句玩笑，我才意识到我们的发现可能会问鼎诺贝尔奖。

　　幸运的是，如果有人想真正了解双螺旋发现的来龙去脉，他们可以参考更加学术的著作。罗伯特·奥比（Robert Olby）在《通往双螺旋之路》（The Path to the Double Helix）中，从"大分子"观念的诞生一直讲到双螺旋的发现。贾德森（Horace Freeland Judson）的著作题为《创世记的第八天》（The Eighth Day of Creation）（这个书名八成是出版社的主意）。后者在许多方面更为生动，因为它包含了许多亲历者大段的原话摘录。这本书讲述的故事始于双螺旋发现之前，终于遗传密码破解开。这两本书都是大部头著作。要读进去可能需要一点时间，但是它们为经典分子生物学的诞生历程提供了最为翔实、最为适当的记录。

　　20世纪70年代早期，龙尼·傅拉克（Ronnie Fouracre）就找过我，他打算拍一部关于发现双螺旋的纪录片。吉姆和威尔金斯都同意参与。拍摄过程在剑桥进行，为期 3 天，其中一小部分是在老鹰酒吧。拍摄完工之后，奥黛尔和我在"金螺旋"为电影团队举行了一个热闹的派对——气氛特别好，以至于龙尼后悔自己居然没有带着摄像机来，否则可以为电影再拍一点镜头。拍摄过程颇为费心费力，但是趣味盎然。直到事后我才意识到，在兴奋之余我完全忘记了奥黛尔的生日，这是这辈子头一回也是最后一回犯这个错误。

82　　　龙尼制作了两个不同的版本。第一个包含了更多的技术细节，是为大学和教育机构而作；另一个是为一般观众。对于后者，他花了很多心思，但是都不太满意，最后又与 BBC 合作做出来了 3 个不同的版本。在我看来，由伊萨克・阿西莫夫（Isaac Asimov）解说的最后一个版本是最好的。其中一期在英国以"视野"的标签面世，在美国则以"新星"面世。

　　　多年来也出现过其他搞笑版本。比如，可以做成一出音乐喜剧吗？布伦纳想出来一部多幕剧的西部片：吉姆是孤独的牛仔，佩鲁茨是邮差，而我是船上的赌徒！至于细节，添油加醋之后，听众无不捧腹。

　　　吉姆还有其他的野心。他希望拍一部完整的电影。从 1976 年我在南加州定居之后，时不时都有电影公司的人来找我。有一次二十世纪福克斯电影公司似乎表现出了兴趣，但是他们没有深入下去。最终，拉里・巴赫曼（Larry Bachmann），一位知名的美国电影制片人找上门来。我很不情愿同意拍这部电影。拉里让奥黛尔和我，还有两个朋友到摄影棚里参观了他们正在拍摄中的电影《到底是谁的生命》

（*Whose Life is it, anyway*）。后来，他还让我们观看了"样片"——一个完整的，虽然在某些方面还有待完善的版本。

　　在接触好莱坞之前，我抵制任何以双螺旋的故事为脚本的电影，甚至起草了一封反对信，但是观看了巴赫曼拍摄的电影之后我改变了想法。他成功地以严肃的方式触及了重要的主题，中间还穿插着许多轻松的幽默。不久吉姆和我就各自雇佣了好莱坞经纪人以及律师。我们也接触了其他几位有意拍摄这个故事的制片人，但是我们对这些人印象不好：他们感兴趣的似乎主要是将故事变成一个血腥暴力故事。与此相反，巴赫曼表现出对发现双螺旋认真的兴趣，虽然更加吸引他的是跌宕起伏的剧情以及人物角色。看看都有哪些家伙吧！来自美国中西部的一位性情急躁的年轻人，还有一个话特别多的英国人（他肯定是个天才，因为天才要么特别沉默，要么滔滔不绝），老一辈人，不乏诺贝尔奖得主，以及，最棒的是，还有一位自由主义女性，而她似乎没有得到公正的待遇。此外，其中的几位角色还有争吵，几乎吵得 ⁸³ 不可开交。外行对此非常欢迎——科学虽然难以理解，但是科学家毕竟也是人呀，虽然"人"这个称呼仅仅表示了人类的动物属性，而不是具备任何独特的禀赋，比如懂得数学。

　　巴赫曼花了不少精力阅读关于发现双螺旋的各种资料，并与不少亲历者进行了交谈。在正式开始拍摄之前，我们签署了一份长长的合同，涉及了各种日后可能出现的情况。比如，合同里很长的篇幅涉及了假如拍摄的这部音乐喜剧日后盈利的话，我们要如何分红。我还记得，吉姆和我仍然保留了任何漫画的版权。之所以要签这些条款，是因为电影涉及的人物目前仍然在世，而电影制片人必须首先取得他/

她的肖像权。如若不然，电影公司有可能被当事人告上法庭，无论最后输赢如何，都是一笔巨大的支出。我们获得了一定程度的法律保护：如果他们将犯罪行为，或者任何不良行为诬陷于我们，我们可以起诉他们。但是，如果他们伤害了我们的学术声誉，我们却无能为力。我们很快就了解到，正如其他行当一样，出钱的人说了算。构思剧本可能要花25万美元，但是整部电影可能要花上千万美元。花的钱越多，我们的话语权越少。第一次见到我们经纪人的时候，他告诉我们"我希望你们明白，他们可以随心所欲写任何东西。"当我们向巴赫曼追问这些问题的时候，他只是说"你得相信我"——从一定程度上讲，我们确实相信他。

不过，我告诉巴赫曼，我认为这个故事无法拍成一个完整长度的电影，因为它没有足够的性和暴力。在接下来的好几年里，他和多位共同作者绞尽脑汁完成了一个适合电影长度的脚本，但是最终正如我预料的那样，尽管他们在最后一稿里加入了少量暴力与性，为影片增加噱头，但还是被制片方否决了。

曲高和寡，想必这是普遍规律。能理解DNA双螺旋故事的人太少，有的电影自然难以盈利。相反，这个故事更适合于话剧，或者，小众电影。除此之外，还有一个问题：对于年纪较长的观众，他们也许听说过DNA，但恐怕并不知道DNA是什么；而在年轻人眼里，双螺旋恐怕太落伍了，他们在中学里就学过这玩意儿。

巴赫曼现住在离牛津几英里的一个乡村，有一个景色宜人的庄园。他有在格林学院（Green College）进餐的资格，因为他人缘如此之好，以至于应邀成了格林学院的会员。他忙活着组织牛津网球队（他是一个网球迷），牵头当地戏剧表演，甚至包括给大学募捐委员出谋划策。我们时不时都会见面，或者在牛津，或者在白弗里山上的网球俱乐部闲聊。

1984年，BBC找到了吉姆和我。BBC的一位制片人米克·杰克逊（Mick Jackson）打算拍一部关于DNA发现的"剧录片"（docudrama，顾名思义，它介于剧情片和纪录片之间）。它的初衷是比电影更接近事实，同时又突出故事的戏剧效果。吉姆、我和其他角色会由专业演员来饰演。

我对BBC来做这件事颇为赞赏，主要是因为他们的口碑好：严谨又精致。吉姆虽然一开始也有兴趣，但是最终却放弃了合作，他认为BBC的处理会过于枯燥。不过，吉姆脑海中的更精彩的版本是什么样，我们就无从得知了。

米克·杰克逊和剧本作者比尔·尼科尔森都找我咨询过细节。但是大部分调研工作是由简·卡兰德做的，她后来对涉及的人物和故事细节了如指掌。106分钟的电视节目，最后以《生命故事》（*Life Story*）为名于1987年4月27日在英国播出。美国版本，称为《双螺旋》，由艺术和娱乐频道在当年随后播出。杰夫·戈德布卢姆扮演吉姆，蒂姆·皮戈特·史密斯扮演我，艾伦·霍华德扮演威尔金斯，而朱丽叶·斯图尔森扮演富兰克林。大多数评论都很正面，BBC节目的电话互动同样如此。反应如此良好，我略微有点吃惊，但是米克告诉我说相当一大批英国观众吃惊地发现科学家竟然跟平常人一样。当我说起来吉姆的书已经传递了这样的印象的时候，米克指出，许多电视观众可能从来没有读过《双螺旋》。

85　　这个节目紧紧围绕着双螺旋发现的主线进行。它展示了富兰克林在巴黎和她的朋友、科学导师维托里奥·路扎蒂（Vittorio Luzzati），然后来到了伦敦的国王学院，在约翰·兰德尔的实验室研究 DNA。节目过分强调了富兰克林，作为一个女性，她认为伦敦和巴黎是不同的。威尔金斯和富兰克林之间的不合体现得很充分。在剑桥，我们看到了吉姆先由佩鲁茨介绍到国王学院，见了布拉格，然后再见到我。我们第一次建模失败的努力以及国王学院同仁的反应得到了清晰的刻画。其他的场景还包括我们遇到查可夫以及和约翰·格里菲恩讨论碱基配对。鲍林的儿子，彼得抵达剑桥的场景也有。随后，他展示了他父亲的一份科学论文，是包含了 3 条 DNA 链的错误模型。当吉姆来到伦敦向富兰克林展示鲍林的论文的时候，富兰克林大为生气。威尔金斯，出于同情，给吉姆看了富兰克林拍摄到的 B 型 DNA 的图片；但是她目前将 B 型 DNA 放到了一边，转而研究 A 型 DNA。在影片中，我提前给吉姆讲过螺旋的 X 射线衍射图像，因此，当他看到这幅图的时候马上意识到了它的重要性。无疑，看到这张关键的图片激发了我们马上行动，但是事实上，我们通过其他方式已经知道了许多数据。

最后，剧中杰里·多诺霍指出，我们所用的拓扑异构体是错误的，所以吉姆才能够找到正确的碱基配对。除此之外，模型的出现就水到渠成了。我们看到这里出现了一个夸张得略显离谱的剧情高潮，然后是来参观的人员络绎不绝，而双螺旋模型伴随着天籁音乐缓缓旋转。电影的结尾是富兰克林看着模型，而吉姆在剑桥的对岸跟他的妹妹聊天。

对我来说，对《生命故事》发表评论是一件极为困难的事，因为我亲历过真实事件。几乎每个观看过这部影片的人都觉得很好。虽然创作者有意降低专业壁垒，但还是囊括了不少科学知识，不过，我担心是不是每位观众都意识到了DNA分子并不是那么矮胖，而是特别细长。如果我们把模型做成标准长度，它将直达云霄。事实上，我们的模型只是天然DNA里极小的一段。

显然，批评BBC的影片的真实性恐怕是小题大做了。任何对历史[86]事实感兴趣的人都会阅读更多的文献资料（上已提及）了解真相。《生命故事》试图传递的是发现的整体风貌，我们是如何发现的，以及它的反响如何。

BBC固然努力保持事实准确，但是当需要精简或者调整场景的时候也毫不犹豫。威尔金斯、吉姆和我之间的谈话，在影片里是在河畔的学院花园进行，事实上是在我家餐桌上；男人正装出席的派对，事实上发生在彼得·米切尔得的家里；约翰·格里菲思和我之间的对话事实上发生在一个安静的酒吧；我们也没有在学院晚餐的时候遇到查可夫。但是这些场景变化在我看来完全是可以接受的，因为它传递出了重要的情节以及当地氛围。

有几处错误要稍微严重一些。这虽然听起来有点不可思议，但是我认为，当吉姆误打误撞地得出正确碱基配对的时候，他脑子里想的并不是查可夫法则。更严重的是富兰克林讲的话，她告诉威尔金斯，"你猜的话，可能是对的，也可能是错的。除非做实验，我们永远无法知道。而当我们做了实验之后，我们就知道答案，也就不必猜了。所以，猜个什么劲呢？"

　　这个论辩，听起来蛮有说服力，但事实上是不成立的。如之前谈到的，X 射线只提供了一半的信息。因此，一个良好的模型就格外珍贵，特别是在 DNA 的例子中，X 射线衍射的图像非常之少。富兰克林本人可能没有说过这些话，但是如果她当真这么说，那这表明她并没有彻底理解她要解决的问题。

　　影片也暗示了富兰克林和她在法国的朋友是情人关系。如果这是真的，我将非常意外。维托里奥本人比电影中的形象更有喜感，但是他实际上已婚。而且富兰克林跟维托里奥的妻子、阿伦·克卢格和他的妻子、我以及奥黛尔都是很好的朋友。我认为富兰克林更喜欢这样的友情，因为这样她就可以在和男士讨论科学的同时享受朋友的陪伴，而不必担心什么流言蜚语。那个时候，维托里奥是她科学上的导师，但是他从来没有尝试用鲍林的方式解决有机分子结构的问题，因此，他的建议虽然听起来不错，事实上却非常误导人。

　　这样的处理当然也有若干有趣的问题。剧本作家，比尔·尼科尔森，当得知我们第一次建模失败的故事之后非常兴奋，因为这似乎符合标准的剧情套路。用他的话说，"男孩遇到女孩，男孩失去了女孩，男孩得到了女孩。"或者，他也这么向我解释，在事情中间发生的失败会引起观众对两位"英雄"的同情。我情不自禁地想到，当我们把水含量搞错的时候可不是为了什么戏剧效果，我们希望的是找到正确的答案。

随着高潮的临近，镜头不断地在伦敦和剑桥之间切换，但是这种兴奋只有在上帝视角之中才存在，结尾不免有些为了营造剧场效果的雕琢痕迹。虽然我们对发现双螺旋非常振奋，但是无论是我们还是其他任何人，都没想到这是一个巨大的成功。事实上，吉姆非常忐忑，万一我们又搞错了怎么办，岂不是又成为笑柄？因此，影片中的祝贺和庆功都是剧作者的想象。实情是，大多数人会说这个模型"有点意思"或者"很有暗示性"，但很少有人在当时就认为双螺旋是正确的。结尾处的"文学性"处理更加离谱。吉姆和他妹妹在桥上对话（这也是虚构出来的），似乎已经实现了他所有的目标——事实当然不是这样。更严重的是，影片没有传达出真正的"结局"——双螺旋不是一个结束，而是一个开始，因为它暗示了所有关于基因复制、蛋白质合成等问题。事实上，这些才是那个夏天以及之后的许多年里我们思虑的问题。谈论获奖和成功是很多年之后的事情。当1954年夏天我从美国返回剑桥，医学研究委员会并不觉得他们必须给我一个教职，虽然当时我已经38岁了。他们给我的是一个为期7年的合同，不过，一年之后他们就把我转成了永久职位（在MRC这也就相当于是固定教职了）。

说到演员，我认为杰夫·戈德布卢姆把吉姆表现得过于躁狂，而且过于好色。"没人告诉我吉姆从不嚼口香糖，"米克·杰克逊向我抱怨道，但是如果他仔细观察，他会发现，几乎没有哪个科学家嚼口香糖，即使是美国的年轻科学家也不例外。吉姆的自然举止是偏柔和的。戈德布卢姆很敏锐地捕捉到了这一点，在一个派对中，有人问吉姆他是不是真正的牧师。巧合的是，事实上吉姆给出了肯定的回答。向他提问的这个美国女孩子，对他盘问了半个钟头，问他的宗教成长背景，最后发现他根本不是牧师的时候，还颇为恼怒。

　　关于其他的演员，马克斯·佩鲁茨，雷蒙德·戈斯林，威尔金斯，彼得·鲍林以及伊丽莎白·沃森一眼就能认出了，但是真正关键的是由朱丽叶·斯图尔森扮演的富兰克林。她不但是影片唯一的中心 —— 她几乎是影片中唯一真正在做科学的人 —— 而且我们对于她的理解比其他任何角色都要多。我认为这并非偶然。我读了刊登在《广播时代》（ Radio Times ）中斯图尔森的评论，她对富兰克林的能力和性格颇有洞见。此外，富兰克林误判了如何最好地解决科学问题 —— 剧作者对此也表现得比较充分。

　　那么人们到底能从《生命故事》中学到什么呢？显然，它清晰地道出了事实，科学研究也是由人来进行的，而人既有优点也有缺点。剧中对科学家的形象塑造不落窠臼，摆脱了那种认为科学家都是冷血怪物，仅仅使用严格的逻辑推理解决问题的成见。观看本片，人们起码可以大致明白做科学的方式之一，虽然其他大多数科研工作都更为艰苦，也不像双螺旋的发现这样富于戏剧性。它甚至以简单明了的方式传递出了基本的科学信息。最重要的是，它以合适的节奏讲述了一个合适的故事，因此，社会各界人士都可以从中学到一点东西。无论如何，瑕不掩瑜，《生命故事》是成功之作。如果由其他人来做，恐怕不会做得这样出色。

第 8 章
遗传密码

双螺旋看来已经搞清楚了，接下来的问题是，它的功能是什么 —— 它是怎样影响细胞其他成分的？我已经猜到了答案的轮廓：基因决定了蛋白质的氨基酸序列。因为双螺旋外部的磷酸骨架结构非常规则，所以我们正确地推断到，携带遗传信息的是内部的碱基。既然DNA位于细胞核内，而蛋白质合成似乎发生在细胞质中，那么每一个活跃的基因拷贝都要运送到细胞质里。由于细胞质里有许多RNA却几乎没有DNA，所以我们假定这种信使是一种RNA。由一段DNA产生一段RNA摹本是很容易的 —— 简单的碱基配对机制就能完成这项工作 —— 但是，信使RNA（用我们现在的称呼）如何指导蛋白质合成就不那么显而易见了，特别是当时关于后一个过程我们还知之甚少。

此外，还有信息学的问题。我们知道，蛋白质里有20多种氨基酸，但是DNA和RNA中只有4种碱基。一个办法可能是每次阅读两个碱基，但是这样只有16种（4×4）可能性，这似乎太少了。另外一种可能性是一次阅读三个碱基，这样会产生64种（4×4×4）可能的排列组合，但这似乎又太多了。

　　为了方便读者理解，我将对遗传密码的知识做一番概述。不幸的是，目前"遗传密码"这个词语有两个不同的含义。外行往往用它表示生物体的整个遗传信息；分子生物学家则用它表示把核酸信息与氨基酸联系起来的小词典，好比摩尔斯密码把点、线与26个字母联系起来。

　　在本书中，我在第二种意义上使用"遗传密码"这个词语。附录乙的图表里列出了遗传密码表。外行读者不必太追究细节，你要知道的是，遗传信息的阅读方式是每次三个碱基，并且彼此没有重叠（对RNA来说，碱基是A、U、G、C）。这样的组合成为一个"密码子"（codon），这是布伦纳想出来的词。结果表明，只有20种氨基酸是遗传编码的。在标准遗传密码表中，有两种氨基酸只有一个密码子，许多氨基酸都有两个密码子，一个氨基酸有三个，好几个有四个，两个有六个。此外，还有三个密码子代表"终止密码"（"起始密码"要更加复杂，暂且不表）。这些密码子加起来正好64种，一个都不少。

　　严格来讲，原则上准确的叫法不是"密码"（code）而是"编码"（cipher）。同样地，摩尔斯密码也应该叫作摩尔斯暗号。当时我还不知道这个，这是好事，因为"遗传密码"听起来比"遗传编码"更吸引人。

　　值得注意的是，虽然遗传密码有一定的规律性——在好几种情况下，前两个碱基决定了一个氨基酸，第三个碱基就不那么重要——但是它的结构并没有明显的意义。很可能这都是历史偶然事件的总和。当然，在1953年刚刚发现双螺旋的时候，我们对这些还毫不知情。

　　1953年夏天，吉姆和我漫不经心地谈起过蛋白质合成的问题，但是我们的关切还在于DNA本身——这个结构真的正确吗？它到底是如何复制自身的？——因而顾不上认真思考蛋白质。

　　一天，我们收到了一封寄自美国的信，字体很大，很圆，地址不熟悉。后来发现作者是物理学家、天文学家乔治·伽莫夫（George Gamow），我们听说过他的大名，但是信的内容却很新鲜。伽莫夫对我们发表在《自然》杂志上的论文很感兴趣（事实上我有时感到物理学家比生物学家更专注它们）。他马上跳到结论，DNA结构本身就是蛋白质合成的模板。他注意到，从特定的角度来看，双螺旋结构可以有20种不同的凹陷，因碱基序列而异。因为有20种不同的氨基酸，他大胆地假定每一种凹陷刚好对应于一种氨基酸。

　　当吉姆和我在老鹰酒吧坐下来仔细研究伽莫夫的信件之后，我们才意识到，我们从来没有认真数过蛋白质中氨基酸的含量。这并不是一件容易的事情。虽然自然界中有许多种氨基酸，但生物体中只有20多种，而且不是每一种都在蛋白质中出现。蛋白质化学家们在一个或多个蛋白质中发现了20多种氨基酸，但是有一些，比如羟基脯氨酸（hydroxyproline），只出现在其中一个或两个蛋白质里，不是普遍存在。

　　伽莫夫也列出来了他认为的20种氨基酸，但是我们马上就看出来其中有些是不可能的，同时，他漏掉了几个明显的选项，比如天冬氨酸和谷氨酸。我当即也列出来了我们的清单。我不记得吉姆对这样的细节非常了解，但是幸运的是，当时我对蛋白质结构的许多方面都有比较具体的知识。我们当时的基本观念是，所有蛋白质中发现过的氨基酸都要分成"标准组"（standard）或者是"例外组"（freaks）。如果一种氨基酸（比如赖氨酸）在许多不同的蛋白质都有出现，那么我们就认为它属于标准组。而那些仅在少数蛋白质中出现的氨基酸，比如溴酪氨酸（bromotyrosine），我们就认为它属于例外组。还有一些氨基酸虽然在细胞中的多聚物中出现，但并不组成蛋白质，这样的氨基酸我们也排除出去了。一个典型的例子是二氨基庚二酸（diaminopimelic acid），它是某些细菌细胞壁的成分，但不参与组成蛋白质。

我们并不认为每一个蛋白质都必须具备全套的标准氨基酸，在一个小蛋白质中，因为其中的氨基酸数量更少，某些更少见的氨基酸可能偶然缺失了（胰岛素中就不含有色氨酸和甲硫氨酸）。令我们吃惊的是，我们最终正好得出了 20 种氨基酸。更令人称奇的是，结果表明我们的清单完全正确。在我们不知情的情况下，现代晶体学的发明人之一迪克·森格（Dick Synge）也列出了一个类似的清单，但是他在半胱氨酸（cysteine）之外还添上了胱氨酸（cystine）——这明显是不可能的。

值得指出的是，所有的生物化学教科书里的氨基酸清单都比这更长。在 20 世纪早期，从蛋白质中发现一种新的氨基酸是一个大新闻。虽然这样的时代已经过去，但是"发现新氨基酸"仍然是一件值得庆贺的事情。每一次蛋白质中发现一种新的氨基酸，一旦实验证实，仍然被认为是一项重大发现，并因此写进教科书。大多数生物化学家们并没有意识到，也许某些氨基酸属于标准组，而其余的在一定意义上属于例外——当然，少数人可能有类似的想法，但是并没有清晰地表达出来。我们现在知道，蛋白质合成是通过一种特殊机制进行的，它们只能处理有限的氨基酸。对于例外组中的氨基酸，往往是在多肽链合成之后，由标准组的氨基酸经过后续修饰而成的。

　　自然选择产生的自然现象何其复杂，这不过是又一个典型的例子。它让我们看到，如果我们对生物学问题理解得过于简单，会是多么容易受到误导。当然，我们的幸运之处在于，第一次尝试的时候就找到了正确答案。这是一个幸运的猜测，不过需要许多额外实验的证实。虽然生物化学家们花了许多年才完成这项工作，但是从来没有人怀疑过我们的清单是否正确。唯一美中不足的是，原核生物是用甲酰甲硫氨酸（formylmethionine）来启动蛋白链合成的，当时的我们根本想不到这一点。

　　我记不清伽莫夫的第一份信件里是否附上了论文草稿（印象中这是后来寄来的），但是当我们拿到草稿的时候——我目前仍然保留着——我们惊讶地发现，他把汤姆金（Tomkins）也作为共同作者列上去了。伽莫夫是知名的科普作家，而且做事特立独行。汤姆金先生，是伽莫夫虚构出来的人物，在他的多部书中都有出现，而且通常都是在书名中（比如《汤姆金先生探索原子世界》）。可惜，在论文正式发表之前，汤姆金先生的名字被认真的编辑删去了。 93

　　伽莫夫的"密码"在好几个方面都很独特。每个氨基酸都由三个连续的碱基决定（考虑到对称性，它实际上是好几个三联体），但是连续氨基酸的三联体是有重叠的。举例而言，对一串碱基 … GGAC …，其中GGA代表一个氨基酸，而GAC代表了另外一个氨基酸。自然，这为氨基酸序列带来了一定的限制。根据伽莫夫密码，某些氨基酸序列是不可能出现的。在当时，这并不是一件容易澄清的问题，因为伽莫夫不知道哪个三联体代表了哪个氨基酸，这得等后来的实验发现。那个时候，我们可以大致测定许多蛋白质的氨基酸组成，但是无法知道蛋白质的准确序列（桑格测定胰岛素双链的工作尚在进行之中），因此，我们缺乏实验数据来检验伽莫夫的理论。

吉姆和我并不认同伽莫夫的想法，我们有若干方面的考虑。我们不大相信DNA上的空腔足以胜任蛋白质合成的工作。我们对他假定的对称性表示怀疑，更不喜欢DNA直接编码蛋白质这种想法。RNA似乎是更可能的候选对象，但是也许RNA可以折叠形成特定的结构，从而形成所需的空腔。伽莫夫不经意间也引入了另外一个限制因素。当许多氨基酸形成一条肽链的时候，它们之间的距离只有3.7埃（彼此结合得非常紧密的原子之间的距离通常是1~1.5埃）。相比之下，三个碱基占据的距离要长得多。因此，彼此交错的密码似乎更可能，因为它缩短了间距，虽然这也限制了氨基酸组合的可能性。

不过，伽莫夫做出了另外一个贡献，他的提议让我们意识到，遗传密码可以作为一个抽象的问题来解决，而不必洞悉生物化学机制的细节。也许，通过研究氨基酸序列中的限制因素（我们刚刚开始了解这些信息），观察突变如何影响特定的序列，我们可以在不知道所有生物化学细节的情况下解开遗传密码。面对复杂的生物化学和化学，这套办法也的确符合物理学家的风格。不过，伽莫夫的想法依赖于我们提出的双螺旋模型，所以也并不完全是异想天开。

1953年末到1954年初，当我在布鲁克林理工学院（Brooklyn Polytechnic）访问的时候——这也是我第一次访问美国——我成功地反驳了伽莫夫密码的所有可能组合。我利用的是当时已知的极少量的序列数据，并假定（当时并无证据支持）这些密码在不同生物体中是普适的。

1954年夏天，吉姆和我在伍兹霍尔（Wood's Hole）过了三周。伽莫夫和他妻子也在那儿，住在阿尔伯特·圣捷尔吉（Albert Szent-Gyorgyi）的湖畔房子里（圣捷尔吉是一位匈牙利生理学家，因为发现了维生素C而荣膺1937年诺贝尔奖）。彼时，伽莫夫已经结识了好几个对遗传密码问题感兴趣的同道，特别是达曼德拉·亚斯和亚历克斯·里奇。许多个下午，吉姆和我找他串门，和伽莫夫坐在海滩边，讨论遗传密码问题的各个方面，穿插着各种闲聊，或者欣赏伽莫夫向偶尔路过的漂亮女郎展示扑克魔术。那个时候，做科研还不像现在这么匆忙。

那时我们跟伽莫夫很熟了，都称呼他Joe。他的名字是George，但是他署名的时候都写成"Geo"。他以为这个读作Joe，所以我们就这么称呼他了。我们都习惯了他儿童般的书写，以及像俄文那样忽略冠词（a和the），还有他的拼写错误。起初我们以为这是因为英语不是他的母语，但是后来我们才知道他的俄语拼写也很糟糕。他有一辆很豪华的敞篷车，白色外壳，红色座椅。他告诉我们，他三分之一的收入来自学院工资，三分之一来自写作，另外三分之一来自提供咨询，这解释了为何他会拥有一辆豪车。他是一个非常快乐的人，特别友好，虽然他比我们更年长、更有资历。他是宇宙大爆炸理论的倡议人之

一 —— 他同时预测了"背景辐射"（background radiation），这还有待证实。与戈尔德、拜迪和霍伊尔提出的持续创造理论相比，他提出的大爆炸理论更得天主教会的青睐。即便如此，当他告诉我他与教皇通过宗教法庭（Holy Office）书信往来的时候，我还是吃了一惊。

95　　　伽莫夫喜欢喝白酒。虽然当时我还没有意识到这一点，但他可能已经开始露出酗酒的苗头了。当我收到他手写的邀请信，请我几天之后到他家参加"不醉不归RNA派对"（whiskey, twisty RNA Party）的时候，我就应下来了。结果下一次我感谢Joe的邀请的时候，他却表示毫不知情。更令人奇怪的是，邀请信仍然源源不断地涌来，每一次都是由阿尔伯特·圣捷尔吉从客厅带过来。于是，Joe怀疑圣捷尔吉是罪魁祸首，但是他本人却否认了。"说老实话，确实不是我。"Joe感到非常窘迫，所以我意识到了我需要做点调查工作。不久之后我就发现原来是吉姆在后面搞鬼。他一般不搞这种恶作剧，但是他的导师，德尔布吕克，是个恶作剧老手。另外一个帮手是圣捷尔吉的侄子，安德鲁·圣捷尔吉（朋友们叫他Csuli）。经过谈判，我们达成了一个和平协定，办一个真正的"不醉不归RNA派对"。吉姆和Csuli提供啤酒，Joe提供威士忌。派对非常成功，几乎所有受邀的人都来了。

与此同时，Joe以他特有的方式成立了一个非主流组织：RNA领带俱乐部。这是一个非常私密的小组 —— 伽莫夫决定谁是成员。总共有20位成员，每人代表一个氨基酸。不仅每个成员都收到一条由伽莫夫设计、洛杉矶一个裁缝铺定制（吉姆和莱斯利·奥格尔牵头）的领带，每个领带还附赠了印有该氨基酸缩写的领带夹。我记得我是色氨酸，但是我不记得自己是否收到了领带夹。这个俱乐部从来没有正式会面过，但是我们列出来过所有办公人员。伽莫夫是合成者（synthesizer），吉姆·沃森是乐观者（optimist），我是悲观者（pessimist）。达曼德拉·亚斯负责档案，而亚历克斯·里奇管理盖章。后来，这个俱乐部成了供内部人员交流未发布草稿的平台。我在1956年秋季返回英国之后，为俱乐部写了一篇文章，专门分析伽莫夫的想法，归纳出规律，并提出了"中间体假说"（adaptor hypothesis）——事后表明这很重要。

这篇论文题为《论模板的简并性及接头假说》（*On Degenerate Templates and the Adaptor Hypothesis*）。论文的主要观点是，所有可以想象出来的DNA或RNA的形式似乎都无法直接为氨基酸侧链提供模板。这些结构能提供的可能只有原子基团组成的特定模式，后者可以形成氢键。因此，我提出了接头假说：存在着20种接头，一种氨基酸对应一个接头，此外还有20种特殊的酶。每种酶只能把特定的氨基 96 酸连接到特定的接头上。这种组合可以应用到RNA模板上。每个接头分子只能跟核酸模板上的特定位置形成稳定氢键。通过这种配对，接头分子可以把氨基酸准确地运载到需要去的位置。

这个想法与遗传密码问题有多层牵连。在此我想强调的是，这意味着遗传密码几乎可以是任何结构，因为它的细节取决于何种氨基酸与何种接头组合。而这可能是在演化的早期由随机事件决定的。由于这个悲观的结论，这篇论文的末尾引用了17世纪一位名不见经传的波斯作家的话："是否有人像他一样迷失，在穷途末路中寻觅出路？"文末的评论是："远在剑桥，我必须坦白，有时候我真没有兴致研究遗传密码问题。"

这篇论文在 RNA 领带俱乐部的成员之间流传过，但是从未在一个正式刊物上发表。这是我未发表的最重要的一篇论文。最终，我发表了一个简短的评论，概述了这个想法，并试探性地提出了接头或许是小的核酸分子。很快，哈佛医学院的一位生化学家马伦·霍格兰（Mahlon Hoagland）就独立地取得了实验证据支持这个想法。时至今日，每一位分子生物学家都知道，接头由一系列核酸分子组成，称为转运 RNA。讽刺的是，我一开始没有马上意识到这些转运 RNA 就是预测到的接头，因为它们比我预期的要大得多。但是我很快就意识到，我的反对意见背后并没有什么坚实的理由。稍后，霍格兰来剑桥访问了一年，我们一起进行了转运 RNA 方面的实验工作。莫特诺（Molteno）研究所的二楼有一间暂时闲置的屋子，它的主人很大方地允许我们使用这间屋子进行实验。

在此期间，为解决遗传密码问题，许多人进行了理论方面的努力，特别是伽莫夫、亚斯和里奇三人。伽莫夫和亚斯提出了"组合密码"，即三联体中碱基的顺序并不重要，重要的是碱基的组成。虽然这在结构上不可能，但是它的吸引力在于，从 4 种不同的物体中一次取出 3 个，刚好有 20 种可能。不过，它也没有提示如何把氨基酸与特定组合的三联体连接起来。

人们一度以为遗传密码是彼此重叠的，因此仍然在寻找氨基酸序列上的限制因素。一开始，由于数据有限，人们还不大确定是否漏掉了什么；随着新的序列不断出现，人们知道的蛋白质序列越来越多，却依然没有发现任何氨基酸受限制的迹象。人们的注意力主要集中在相邻的氨基酸之间。如果没有任何限制，这会有 400 种（20 × 20）

组合；如果密码子之间是重叠的，那么最多有256种（64×4）。布伦纳意识到，我们可以进一步优化这个论证。对于每一个三联体来说，它的左右两侧只有四种三联体。举例来说，如果我们关注的三联体是AAT，那么左侧的三联体可能是TAA、CAA、AAA或者GAA，而右侧可能是ATT、ATC、ATA或者ATG。因此，假如一个氨基酸只有一个特定的三联体的话，它的右侧最多有4种氨基酸；假如一个氨基酸有两个特定的三联体的话，它的右侧最多有8种氨基酸；而如果我们在已知的蛋白质序列里发现某一个氨基酸左右两侧有至少9种不同的氨基酸，那么，就意味着该氨基酸有3种不同的三联体。通过已知的蛋白质序列，布伦纳表明，它们需要的三联体远远超过64种，从而证明了"完全重叠的三联体"是不可能的。当然，这个论证假定了遗传密码是普适的，也就是说，在所有的生物体中都是一样的。虽然这一假定并未完全证实，但是我们已经相当有把握地推断，"完全重叠的三联体"的想法是错误的。

这仍然留下了几何构型上的难题。在蛋白质合成的过程中，考虑到三联体之间要有一定的距离，氨基酸是如何靠近从而衔接起来的？布伦纳建议，接头可能会有一个小巧的尾巴，而氨基酸就附着在末端。布伦纳和我当时并没有把这种想法当回事，开玩笑说这是"别担心"的理论，意思是说，大自然肯定有许多办法来解决这种难题，我们何必现在就担心它呢？何况，我们还有其他更迫切的问题要解决。在这个例子中，后来发现，布伦纳是正确的。每个转运RNA的确都有 [98] 一个小巧的尾巴，氨基酸就附着在末端。

顺便说一点。当需要一个新概念的时候，英国的分子生物学家往往会用一个普通的英文单词，比如"无意义"或者"重叠"，而法国学者则倾向于利用古典词根发明出一个新词，比如"衣壳体"（capsomere）或者"异构体"（allosteerie）。而从物理学家转行的生物学家，比如西摩·本泽（Seymour Benzer），喜欢制造出以"xx子"（-on）为结尾的新词，比如"突变子"（muton）、"重组子"（recon）、"顺反子"（cistron）。这些新词往往很快就流行开来。有一回，法国生物学家雅各布说服我到巴黎的生理学家俱乐部做一个报告。当时的规矩是所有的报告必须用法语来说。我几乎不讲法语，所以对这个建议不是很热心，但是雅各布告诉奥黛尔（她英语法语都很流利），如果我来做这个报告，她也可以一道来巴黎，于是，我来巴黎的犹豫很快就消退了。我决定来谈谈遗传密码的问题。我错误地以为，大部分谈话都可以通过板书进行。很快我就发现，我必须要说一点法语才能传递出要点，所以我向秘书口述了整个谈话（一般来说我的报告都是以笔记为蓝本）。随后我删去了所有的笑话，因为即使是跟秘书讲话，我发现自己还是会即兴开一些玩笑，而我很难一板一眼地复述这些笑话。奥黛尔把我的谈话内容翻译成了法语，随后把它打印了出来，并添加了许多着重号以便朗读。不过，有一个关于翻译"重叠（overlapping）"的问题。法语的翻译是什么呢？奥黛尔想了许久，终于找到了一个合适的词。万事俱备，我们动身前往巴黎。我对奥黛尔定的这个词颇为怀疑，所以一到巴黎我就问雅各布他们到底怎么说"重叠"的。"噢，"他说，"我们就说'重——叠（oh-ver-lap-pang）'。"

谈话进行得并不尽如人意。开始还不错，我读得非常仔细，但是随着热身结束，我的发音越来越离谱。提问环节也是用法语进行的，这令我疲惫不堪。结束之后我问雅各布的印象如何。他很老练地说，

"还行吧，但是感觉不是你自己。"我马上就明白了他的意思：照本宣科，没有即兴笑话。从此以后，我再也没有用外语做过报告，虽然这些年来我的法语口语略有进步。

　　现在我们知道，遗传密码并不重叠，但是这马上引出了一个新问 [99]
题。如果遗传密码是一串不重叠的三联体，我们如何知道三联体是从哪里起始的？换言之，如果我们设想三联体之间有逗号隔开（比如说ATC，CGA，TTC……），细胞是怎么知道在哪里加上逗号的呢？最明显的想法是，从起点（无论它在哪里）之后，每次移动3个碱基，不过这个想法似乎太简单了。我（相当错误地）以为，肯定还有别的办法。我开始着手构建具有如下特点的密码：如果沿着正确的相位阅读，所有的三联体都是有意义的（也就是说，都代表某个氨基酸），而一旦相位错误（即，它们跨过了想象中的逗号），它们就都是无意义的——因为没有适用于它们的接头，它们也无法合成氨基酸。我向奥格尔（Leslie Orgel）谈到了这个想法，他马上指出这样的密码最多允许20种有意义的三联体。像AAA这样的三联体肯定是无意义的——如若不然，序列AAA，AAA就可能出现相位错误了（我们当时假定氨基酸之间可以任意组合），这样就从64种三联体中排除了4种。假设ABC三联体是有意义的，那么内部置换BCA或者CAB必须是无意义的，所以，有意义的三联体将是60/3＝20种。但是问题在于：是否存在具备这样性质的一组三联体密码子？我当时得了重感冒，躺在床上很容易就想到了17种。奥格尔把这个问题告诉了约翰·格里菲思，他发现，正好有20种具备这个性质的三联体。我们很快也发现了许多其他的解决办法（以及更多的内在置换），因此，这样的密码确实可能存在。我们甚至提出了一个可能的论证来说明它的用处。

　　要解决20个有意义的三联体的问题并不是特别困难。之后不久，我乘一趟晚班飞机从美国回英国。等候登机的时候，我和同行的宇宙学家弗雷格·霍伊尔（Fred Hoyle）聊了起来。他问我最近在忙些啥，我就跟他讲了无逗号遗传密码的想法。第二天早晨，在飞机落在英国之前，他就跑到我的座位旁，告诉我他连夜想出来的答案。

　　不消说，奥格尔、格里菲思和我对无逗号遗传密码的想法感到非 100 常兴奋。它是那么美妙。根据4种碱基和三联体，就得出了神奇的20种氨基酸。我们马上给RNA领带俱乐部写了篇稿子。尽管如此，我却有点犹豫。我意识到，除了数字20，我们没有其他任何证据。但是，假如再有其他数字，我们必须摒弃这个想法而寻找其他密码才能凑够20种氨基酸，因此，数字20本身并不是绝对的证据。

　　虽然我对此尚有疑虑，但是新的密码还是吸引了不少人的注意。在被4个人询问是否可以引用我们的文章（给RNA领带俱乐部的投稿并不代表正式发表）之后，我们决定写一篇正式的论文，投给《美国科学院院报》。1957年，论文正式见刊。关于这篇文章，一本1961年出版的科普著作《生命螺旋》（The Coil of Life，作者是鲁思·穆尔）竟有所提及，虽然这时我们已经基本上放弃了这个想法。

　　在无逗号遗传密码系统中，由于每个氨基酸只有一个对应的三联体，那么我们就可以根据氨基酸的序列推断出DNA的组成。当然，这里的假定是所有的DNA都用来编码蛋白质。由于不同生物体中的蛋白质组成基本类似（现在我们知道还是有些差别的），这也就意味着，所有物种的DNA分子的组成基本类似。随着测出的序列越来越多，特别是不同类型细菌的DNA，我们逐渐明白事情并不是这么简单。当然，A和T的数量总是一致，这是由碱基配对决定的；同样的，G和C的数量也一致，但是DNA本身的结构并不影响A和T与G和C的相对比例，因为这个比例在不同的生物体中差别很大。因此，无逗号的遗传密码极有可能是错误的。

最终，这个理论的垮台来自于两方面的原因。我们对移框突变的研究（本书第12章"三联体"中将会提到）表明了这个想法是不可能的。但是更致命的冲击来自马歇尔·尼伦伯格（Marshall Nirenberg）。他通过人工合成的多聚尿嘧啶RNA链（poly U）表明，该链可以合成聚苯丙氨酸，而根据无逗号遗传密码，poly U应该是无意义的三联体。最终，人们发现了正确的遗传密码，并通过多种办法进行了确认。这充分显示了无逗号遗传密码的想法是多么荒唐。尽管如此，它仍有可能在生命起源不久发挥过作用，当时的遗传密码可能刚刚开始演化，[101]但这纯粹是我的猜想。

无逗号遗传密码的想法吸引了许多组合数学家的注意，特别是所罗门·格伦布（Sol Golomb）。我们没能枚举出所有可能的三联体重叠密码类型（利用4种碱基），虽然我们尝试了不止一种办法。格伦布和威尔兹（Welch）完成了这种枚举，证明的核心部分是一个非常巧妙的论证（我们自己本该想出来的）。与此同时，荷兰的一位数学家汉斯·弗洛伊登塔尔（Hans Freudenthal）也解决了这个问题。

最终，人们通过实验方法破解了遗传密码（参见附录乙），而不是理论推理。最主要的贡献者是马歇尔·尼伦伯格和葛宾·克拉纳

（Gobind Khorana）研究小组。塞韦罗·奥乔亚（Severo Ochoa）的小组也做出了重要贡献。即使是在遗传密码逐渐揭开的过程中，仍有人尝试从部分推测全部，但是这样的努力基本上都以失败告终。在某种意义上，这个遗传密码表体现了分子生物学的精髓，正如元素周期表体现了化学的精髓，但是两者有本质的不同。元素周期表很可能在宇宙各处都适用，特别是在温度和压力与地球环境近似的宇宙地带。但是如果宇宙的其他角落也有生命，即使它们也利用核酸和蛋白质（很有可能并不是这样），遗传密码也极有可能大不相同。即使在地球上，少数生物体里也有细微的变异。遗传密码，正如生命本身，并不是宇宙永恒规律的一部分，在一定程度上是偶然的产物。

第 9 章
蛋白质指纹图谱测序

在上一章里，我讨论了试图从理论途径来解决遗传密码问题的各 102
种努力。在本章，我将描述一些实验工作。问题跟之前的基本一致：
基因（DNA）控制着蛋白质的合成吗？如果是的话，机制是怎样的？

回头来看，这一切似乎很明显：蛋白质中的氨基酸序列是由DNA
的碱基序列决定的，但是当时的情况并非如此。在双螺旋发现之后，
这个想法显得格外吸引人，以至于吉姆和我不假思索地认为情况必
然如此。我们需要做的是表明基因与它编码的蛋白质呈线性相关，即，
核酸序列与氨基酸序列一一对应，就像摩尔斯密码与编码的信息一一
对应。

在当时，我们还无法直接对核酸测序，但是我们考虑到，在某种
合适的条件下，可以通过遗传学的办法在一个基因内部引入一系列突
变，并且知道突变的顺序。由于涉及的遗传间距非常之小，重组率比
通常测量的也会低得多，这意味着我们必须考查许多个体，也就是说，103
我们需要借助某种微生物（比如细菌或者病毒）来进行研究。

一旦突变体的顺序确定，下一步就是考查每个突变体中氨基酸的

变化。虽然蛋白质测序的工作非常费时费力，但是桑格表明了这是可以实现的，而且我们认为，对那些较小的蛋白质进行序列分析并非完全不可能。

1954年夏天，在伍兹霍尔的草坪上，我向波兰遗传学家鲍里斯·埃弗吕西（Boris Ephrussi）解释了这些想法。埃弗吕西当时在巴黎工作，一直对酵母的核外基因感兴趣。现在我们知道这些细胞质基因就是线粒体DNA，但是那时人们只知道这些基因与细胞核基因的表现大不相同。埃弗吕西颇不服气，他问道，"你怎么知道这些氨基酸序列不是由细胞质基因决定的，而细胞核基因的功能只是蛋白质折叠？"

我认为埃弗吕西并非当真相信这种可能性（我反正是不相信），但是他的问题使我意识到，我们首先需要表明细胞核基因的一个突变将会改变它所编码蛋白质的氨基酸序列，哪怕只有一个氨基酸。回到剑桥之后，我决定下一步要进行这项工作。

不过，我们并不清楚下一步要研究哪种微生物或者哪个蛋白质。没多久，英格拉姆·弗农（Vernon Ingram）加入了我们在卡文迪许的研究小组。他的主要工作是在肌红蛋白和肌球蛋白中引入重原子，这将有助于X射线研究，但是他和我都决定尝试下遗传学方面的工作。我们意识到，我们不必一上来就知道基因的细节。我们只需要足够的遗传信息来表明突变是通过孟德尔式进行遗传的，也就证明了它可能属于细胞核基因。我们也不需要修补突变的氨基酸链，而只需要表明氨基酸序列的变化是突变引起的。我们认为这会简化问题，因为我们只需要研究蛋白质的组成[1]。如果蛋白质足够小，我们甚至可以幸运地捕捉到单个氨基酸的变化。

　　我们选择了溶菌酶作为研究对象，因为这种蛋白质容易得到。溶菌酶是一个很小的、呈碱性的蛋白质。它最初由亚历山大·弗莱明[104]（Alexander Fleming）鉴定出来（他后来发现了青霉素）。弗莱明表明，眼泪和蛋清中都有溶菌酶。这种酶可以裂解特定类型的细菌，预防细菌感染。有一种细菌对这种酶特别敏感，可以用于检测溶菌酶。

　　我们用的材料主要是蛋清，但是我们也尝试过人的眼泪。有一段时间，每天早晨我来到实验室，实验助手都会收集一部分我的泪样。我不是专业演员，做不到想哭就哭，所以我的助手切了新鲜的洋葱诱使我流泪。我每次都要稍微偏一下头，以免眼泪从泪腺管里流走，而助手就用一根巴斯德移液管小心地从我的眼角搜集泪样。即便如此，我也只能流出一两滴泪，当然，我发现思考一些忧伤的事情会有帮助。说来也怪，我从来不会为悲伤或者痛苦的事流泪，但是一个快乐的结局却会让我情不自已。每次参加婚礼，新娘骄傲地走过红毯、管风琴欢快地演奏着的时候，尽管我很不情愿也很窘迫，泪水还是会夺眶而出。

　　一滴眼泪的效果非常惊人。我们使用的细菌悬浮液虽然不像牛奶那般致密，但看起来也颇为浑浊。向其中加入一滴眼泪，并摇动烧瓶，菌液须臾就变得澄清。这是因为细菌被裂解了，菌液的吸光度大大降

---

1. 而不必清楚它的序列。——译者注

低。当然，我们进行的是更加精确的定量分析，但是基本现象是一致的。

　　因为鸡的溶菌酶具有很强的正电荷，不同于蛋清中的其他蛋白质，所以人们可以从蛋清中把它结晶出来，而无须进一步的纯化。对一个生物化学家来说，看到晶体从黏稠的蛋清里出现还是一件非常值得称奇的事情。因为同样的原因，溶菌酶在简单离子交换柱（当时刚刚开发出来用于纯化蛋白质）上特别容易分离。

　　要是我们能发现一个突变体该有多好啊！但是可惜我们没有取得任何成功。我们对溶菌酶进行了相当粗略的实验，检测了它的电荷数和吸光谱。我们轻松地表明，鸡的溶菌酶不同于几内亚家禽的溶菌酶，
105　也不同于我眼泪里的溶菌酶。多亏了当地研究鸡的遗传学家的帮助，我们研究了十几种鸡的溶菌酶，测试了上百种鸡蛋，但没有发现任何不同。我对实验室里十几个人的眼泪进行了实验，但是它们似乎非常相似。我打算从刚刚两岁大的女儿杰奎琳（Jacqueline）身上收集泪样，但是奥黛尔严辞拒绝了这个提议。开什么玩笑！拿她的宝贝女儿做实验？！没门！

　　我以为我们会把这个课题继续做下去，但是当时学界取得了一个重大进展。佩鲁茨一直在研究肌红蛋白，包括人类的肌红蛋白。几年前，哈维·伊塔诺（Harvey Itano）和鲍林表明，镰刀型贫血病患者的肌红蛋白与正常人的肌红蛋白的电荷有所差异。鲍林于是把这叫做"遗传疾病"。他在加州理工的一位同事检测了该蛋白质的组成，声称正常版本与疾病版本没有区别。这个结论的表述有严重失误。他的意思是，他没有检测到两者组成上的任何区别，但是由于肌红蛋白是相

当大的蛋白质，而他的实验手段相当粗糙，单个氨基酸的变化很容易被遗漏。

桑格发明了一套办法，他称之为"蛋白质指纹图谱测序"（fingerprinting proteins）。他先用胰蛋白酶（trypsin）把蛋白质切成多肽片段。由此得到的多肽片段可以在二维纸色谱上得到解析，分离开来。英格拉姆意识到，这套办法恰好可以用来分析蛋白质中的微小变异。幸运的是，佩鲁茨送来了一批镰刀型贫血症的肌红蛋白，他给了英格拉姆一些以供测试。令他欣喜的是，这些突变体蛋白的指纹图谱与正常蛋白相比，只有一条多肽链不同。

英格拉姆分离出了变异的多肽链，测定了序列，发现它与正常多肽的区别可以归结到一个氨基酸：缬氨酸变成了谷氨酸。我记得，英格拉姆一度认为也许是两个氨基酸发生了变化。吉姆和我当时更加自负，不相信两个氨基酸的结果。我们劝英格拉姆，"再试一次，你就发现只有一个氨基酸变化了。"情况果然如此。

这个发现从两个角度看都非常惊人。在镰刀型贫血症患者体内，肌红蛋白发生了突变，一旦运输完氧气，它们就会在血细胞里形成一种晶体。这往往会导致红细胞破裂，所以患者出现慢性贫血，许多年轻人因此死去。然而这种致命的后果仅仅源于一个基因的改变（现在我们知道仅仅是一个碱基的突变）。本质上，出毛病的仅仅是两个分子，一个来自父亲，一个来自母亲。一个如此微小的突变是怎么引起死亡的呢？原因在于一连串的放大效应。由于身体中的每一个细胞都复制了许多倍，这个有缺陷的基因也复制了许多倍。然后，在每个红

106

细胞的前体里，每个有缺陷的基因都复制出了信使RNA，而每个信使RNA都指导合成出了许多缺陷蛋白。细微的缺陷放大了无数倍，直到患者身体里积累了足够多的缺陷蛋白，一旦情况不对，就足以致命。

另外一个惊人之处事关科学。虽然这听起来有点奇怪，但是在此之前，遗传学家和蛋白质化学家还没有严肃地认识到他们的研究领域是相关的。当然，少数卓有远见的人，比如赫尔曼·穆勒和霍尔丹，意识到了潜在的关联，但是总体而言，这两个领域各行其是。英格拉姆的结果促成了极大的态度转变。几乎在同一时间，我刚好在一班前往伦敦的列车上碰到了桑格。他告诉我，他觉得自己的研究小组应该学习一点遗传学。那个时候他们对遗传学只知其名，不明就里。

我于是安排了大家每周来我家会面。布伦纳和本泽同意组织这个培训。第一次会面的情景我记忆犹新。布伦纳比其他人早到了一会，我问他准备讲点啥。他说他认为要从孟德尔的豌豆实验开始。我说这会不会有点过于落伍了，为何不从细菌这样的单倍体（细胞里只有一份遗传材料）讲起，而不是豌豆、小鼠或者人这样的双倍体（每个细胞里有两份遗传材料），因为后者显然更加复杂。布伦纳同意了。他做了极为精彩的报告，主要讨论的是基因型和遗传型的差异，举的是细菌及噬菌体的例子。事后得知他完全是临场发挥的，我对他就更加佩服了。

我认为这里的经验值得汲取，特别是对那些试图打通两个不同但明显相关的领域（今天的一个例子是认知科学和神经科学）的科学家们。我不大相信雄辩的论证能帮多大的忙，哪怕它们看起来非常合理。

论证可能会引起人们的注意，但恐怕也仅此而已。大多数遗传学家不会因为少数聪明人的观点就去学蛋白质化学，他们（像今天的功能主义者一样）认为，探究现象的规律并不依赖于认识生化细节。遗传学家费舍尔（R. A. Fisher）曾经告诉我，核心问题是解释为什么基因好像是排成一条珠子。我认为，他可能从来就没有想到，这些珠子正是由基因组成的！

真正震撼人心的是那些崭新的、有冲击力的结果，这样的结果让人们意识到了两者的关联。事实胜于雄辩。有了这样的新发现，不同领域之间的壁垒自然烟消云散，新的研究人员很快就络绎不绝地加入进来。

第 10 章
分子生物学中的理论

108　　　如前文所述，遗传密码这个问题无法通过纯粹的理论方法解决。这并不意味着一般性的理论框架没有帮助，事实上，它对于指导实验方向还是有帮助的。正是DNA的双螺旋结构为这样的猜想留出了余地。否则，人们会不知从何处着手。1957年，我受邀参加在伦敦举行的实验生物学年会。借此机会，我好好整理了思路，把之前已经成形的想法记录成文。

　　　DNA结构暗示的是，碱基序列编码了蛋白质序列。在这篇文章里，我称之为序列假说。回头来看，我发现自己并没有把意思表达得非常精确。我说的是，"……一段核酸的特异性仅仅体现在它的碱基上，

109 而这段序列编码了特定蛋白质的氨基酸序列。"这似乎暗示着所有的核酸序列都会编码蛋白质，这当然不是我的意思。我本来应当说的是，基因编码蛋白质的唯一途径是借助于碱基序列。其他的碱基是什么功能？有可能是某种控制机制（决定了一段基因是否工作，速率如何），或者产生出不编码蛋白质的RNA。不过，没人注意到这个失误，所以没有什么大碍。

　　　文章里的另外一个理论则大异其趣。我提出的是，"一旦'信息'

从基因传递到蛋白质,它就无法再继续传递了,"并补充道,"此处,信息意味着严格的序列,包括核酸的碱基序列和蛋白质的氨基酸序列。"(见附录甲)

这个理论我称之为中心法则(the central dogma),这是出于两方面的考虑:在序列假说中,我已经用了"假说"一词;此外,我想暗示的是,虽然这个假定更核心而且更有力,但它仍然属于猜想。

不过,"法则"一词带来了不小的问题。多年之后,雅克·莫诺(Jacques Monod)向我指出,我似乎并不理解dogma一词的正确用法,它的本意是指毋庸置疑的教条。我的确模模糊糊地知道这一点,但是由于我认为任何宗教观念都缺乏严肃的根基,于是就按照我的理解,而不是世界上其他人的理解,使用了这个词。我的本意是,这个宏大的假说,无论看似多么有理,都没有直接的实验证据。

这个宏大观念有什么帮助呢?显然,它是猜想,未必就是真的。尽管如此,它帮助我们整理了思路,包括提出更明确的假说。如果表述得当,它可以作为我们走出理论丛林的向导。如果没有这样一个向导,任何理论似乎都是可能的。有了它,许多假说自然会消失,我们就可以更清晰地看到重点。如果这样的办法仍然没有帮助,我们就需要进行新的尝试,来看看是否好些。幸运的是,在分子生物学中,我们的第一次尝试就是正确的。

我相信,这是理论工作者在生物学中所能得到的最好结果。在一般情况下,理论工作者无法通过纯思辨就找到一系列生物学难题的解决方案。因为生物是通过自然选择演化出来的，其中涉及的机制往往过于偶然，而且过于微妙。理论工作者的最大希望是给实验家指出正确的方向。通常，最好的方法是提示避免哪些方向。如果个人独立得出正确理论的希望不大，那么更有用的途径就是根据目前已知的信息和广泛的思辨，指出哪些理论不可能为真。

回头来看，《论蛋白质合成》这篇论文里的想法良莠不齐，洞见与谬论并存，正确与错误杂陈。那些事后被证实了的想法往往依赖于广泛的思辨，利用的是经过时间检验的数据，而错误的观念往往是根据最近的实验结果 —— 事后才知道，大部分信息都是不完整的、有误导的，乃至完全错误的。

即使在这个阶段，我还是犯了一个错误。很明显，我认为 RNA 位于细胞质里，当时人们称之为微体（microsomal particles）[1]，这样的 RNA 是一个模板；这意味着，虽然它们只有一条链，但是仍然具有相当严整的结构。直到后来我才意识到这个想法的限制性太强，而"录音带"这个比方可能更接近实际。正如自动收报机里的纸条（ticker tape），只有在自动收报机里工作的时候才体现出结构。最终我意识到，指导蛋白质合成的 RNA 不需要有严密的结构，而是能有一定的灵活性，当然，跟编码下一个氨基酸接头的部位除外。这个想法的另一个结果是新生的蛋白质链不必附着在模板上，而是随着蛋白质的合成就开始折叠。之前就有人这么提议过，事后发现确实如此。

111

---

1. 核糖体（ribosome）这个名词当时还没有得到广泛使用。—— 原注

　　我当时的思路还有另外一个更严重的错误。此处我无意一一列举
每个细节（这些都在论文里了），但我的错误在于混淆了蛋白质合成
的机制本身与调控蛋白质合成的机制。简要地说，因为某些实验表明
RNA合成需要游离的亮氨酸（leucine），人们据此推得的结论是，蛋
白质合成与RNA合成也许涉及了某种共同的中间物 —— 至于这种中
间物的命运如何，视情况而定。事实上，游离的亮氨酸参与了RNA合
成的调控过程，原因可能在于，如果细胞缺乏亮氨酸，那么它们可能
也不需要新的RNA。我认为，当人们试图分析复杂生物系统的时候，
很容易混淆一种机制本身与它的调控机制。

　　此外，还有一个错误也值得一提。那就是把一个次要过程当成了
主要过程，因而得出错误结论 —— 事实上，这个次要过程是演化出
来辅助主要过程的。另外一种可能是，人们可能对次要过程一无所知，
于是认为关于主要过程的推论荒谬不经。

　　比如DNA复制的出错频率。不难看出，如果一个生物体有上百万
个碱基配对，那么每一次复制的出错率应该在百万分之一以下（曼
弗雷德·艾根对此提出了优美的论证）。人类的DNA里（每一个单倍
体）有大约30亿对碱基，只有很小的一部分必须准确复制。它的出错
率估计小于一亿分之一，否则生物体自身的出错率就足以令其停滞不
前。但是，DNA复制过程有固定的频率[1]，因此很难理解细胞如何把出
错率降到一万分之一以下。当然，如果是那样的话，DNA就不可能是
遗传物质了，因为它的复制过程会积累下无数的错误。

1.这是由碱基的构象本质决定的。—— 原注

　　幸运的是，我们从未严肃地考虑过这个论点。一个明显的解决办法是假定细胞演化出了校对机制。因为双螺旋包含了两条互补的序列信息，不难看到它可能的实现途径。观察到的出错率（突变率）将取决于该校对机制的出错率。奥格尔和我给亚瑟·科恩伯格写了一封信，我们指出了这一点，并预测他在试管里研究的DNA复制酶（即所谓的科恩伯格酶）本身应该包含校对功能，事实果然如此。实际上，DNA如此珍贵，如此脆弱，以至于细胞演化出了各种各样的修复机制来保护DNA免受各种危险，包括射线、化学物质以及其他有害物质。根据自然选择理论，这些机制不难理解。

　　此外，也许还有一类错误值得一提。人永远不要自作聪明。说得
112 更明确一点，人对于自己的论证不能过分自信，特别是对负面的论证，认为某种办法肯定失败因而不值得尝试。

　　考虑一下这个例子。据我所知，还没有人提出过这种论证，但是在1950年不难看到这一点。富兰克林已经表明，如果仔细控制含水量等条件，并小心操作，你可以得到所谓的A型DNA纤维，它包含许多相当明亮的斑点。根据傅立叶变换的理论，马上可以看出，这些斑点意味着DNA结构存在有规律的重叠。如果DNA是遗传物质，那么它就不可能是有规律的重叠，因为这意味着它不包含信息。因此，DNA不可能是遗传物质。

　　然而，对此可以作出进一步的反驳。X射线衍射斑点并不适用于非常微小的区间。为什么斑点会以这种方式出现？可能是因为DNA的结构非常有序，但是在纤维中随机弯曲了，或者，某个部分非常有

序而其余部分无序。如果是这样，为什么无序的部分不可能携带遗传信息？而且，利用已知的斑点解决X衍射结构无法回答我们试图知道的问题——遗传信息的本质。既然如此，为什么还做这方面的实验呢？

现在我们知道了问题的答案，不难看清这个批评意见的谬误所在。诚然，关于DNA纤维的X射线数据无法提供碱基配对的细节，这些数据最终促成了双螺旋模型，而碱基配对是其关键特色。当这些斑点的分辨率较低的时候，一种碱基配对与另外三种碱基配对看起来没有什么不同，但是这个模型第一次告诉我们碱基配对的确存在，而这一点对该论题的迅速发展至关重要。

那么，一个正当的论证应该是什么样子的呢？当然，基因的化学本质这个课题举足轻重。人们知道，基因存在于染色体上，而DNA也是如此。因此，任何与DNA有关的研究都应该得到重视，因为你永远无法预知下一步会发现什么。对于哪些线索值得追踪，哪些不值一顾，[113]人们不免都会思考，但是明智的做法是对自己的论证格外小心，特别是当论题非常重要的时候，否则就要为失误付出昂贵的代价。

关于DNA的这个例子是虚构的，但是我不止一次犯过这种错误。实验表明，转运RNA（tRNA）分子的确存在，氨基酸也附着于之上，而且可能有许多种转运RNA，它们都有独特的氨基酸。因此，下一步需要做的是纯化出至少一种tRNA进行后续研究，因为，只要可能，研究纯样本都胜过混合样本。

父亲哈里·克里克年轻时的样子。　　　　母亲，安妮·伊丽莎白·克里克，摄于
（来源：作者收藏）　　　　　　　　　　1936年。（来源：作者收藏）

和弟弟托尼。
（来源：作者收藏）

叔叔，亚瑟·克里克，
他为我的学业提供了经济支持。
（来源：作者收藏）

第二次世界大战期间的奥黛儿，
当时我们还不认识。
（来源：作者收藏）

儿子迈克，1962年摄于斯德哥尔摩。
（来源：作者收藏）

我们的住处，"金螺旋"，
位于剑桥镇葡萄牙小区19-20号。
（来源：作者收藏）

我和两个女儿，嘉贝丽（左）
和杰奎琳（右），摄于1956年。
（来源：作者收藏）

参加我们派对的邀请函，1960年。
（来源：作者收藏）

吉姆·沃森（左）和我，站在 DNA双螺旋展示模型前面，摄于 1953年夏。（来源：吉姆·沃森 的《双螺旋》，雅典庙宇出版社， 纽约，1968）

吉姆·沃森，出现在1954 年8月份的《时尚》杂志， "带着一副茫然的英国诗人 表情"。 （来源：戴安娜·爱得金）

1956年的我。这条奇怪的领带 就是RNA领带俱乐部的配件之一。 （摄影师：弗朗西斯·迪杰纳若之 家，巴尔的摩，马里兰州）

罗莎琳德·富兰克林，当时她大约
26岁。
（来源：詹妮弗·格林，剑桥）

莫里斯·威尔金森，大约是在1955年。
（来源：莫里斯·威尔金森）

J. D. 贝尔纳，在朋友间的绰号是"圣人"。
（来源：皇家学会，伦敦）

劳伦斯·布拉格爵士，
在朋友间的绰号是"威利"。
（来源：皇家学会，伦敦）

莱纳斯·鲍林，20世纪50年代，
手持两个分子模型。
（来源：加州理工学院档案馆）

马克斯·德尔布吕克在与人交谈， 1958年6月。
（来源： 加州理工学院档案馆）

RNA俱乐部的聚会。
（左起： 我， 亚历克斯·里奇，
莱斯利·奥格尔， 吉姆·沃森）
（来源： 亚历克斯·里奇，
剑桥， 马萨诸塞州）

马克斯·佩鲁茨 （右） 卸任
MRC分子生物学实验室主任，
悉尼·布伦纳继任， 1979年。
（来源： 作者收藏）

左起：莫里斯·威尔金斯、
马克斯·佩鲁茨、我、
约翰·斯坦贝克、吉姆·沃森
和约翰·肯德鲁，在诺贝尔
奖颁奖典礼，1962年。
（来源：斯文科特摄像馆，
斯德哥尔摩）

瑞典国王古斯塔夫六世·阿道夫和奥黛儿
（右）出席诺贝尔奖晚宴，1962年。
（来源：斯文科特摄像馆，斯德哥尔摩）

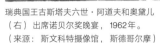

我和大女儿嘉贝丽在诺贝尔奖
庆典上，1962年。
（来源：国际杂志服务，
斯德哥尔摩）

问题在于如何从混合样本中分离出纯样本。我的论证是这样的，既然所有的 tRNA 分子做的是类似的工作，都要嵌入到核糖体里同样的位置，或者一系列类似的位置，它们彼此应该非常相似，因而难于分离。唯一的分离方法，在我看来，是用某种办法把氨基酸锚定到它的 RNA 上，然后我们再根据特定的氨基酸侧链来寻找它们。比如，我们可以选择胱氨酸，它的化学性质活跃而且独特。我一度着手进行实验研究。

这个论证并不是太糟糕，但事实表明我弄错了。当时我还不可能了解到大多数 tRNA 分子都有许多修饰碱基。这些修饰改变了它们分离时的表现，因而可能通过更简单的办法得到分离，而作为第一步，我们仅仅需要分离出其中一个来，没有必要事先确定研究哪一种 tRNA，只需选择最容易进行实验操作的就行了。如同分子生物学家鲍勃·郝利（Bob Holley）发现的，丙氨酸的 tRNA 在色谱柱上最容易与其他 tRNA 分离开。需要再次向实验工作者强调的是：要注意否定性的发现，但是不必过于固执。只要可能，尽量去试一试，看看结果如何。理论工作者却总是不喜欢这套办法。

在理论生物学的前进道路上总是充满了陷阱。做些简单化的假设，再进行一些漂亮的数学计算，使其大致与某些实验数据吻合，然后就认为自己得到了一些结果，这是再容易不过的事了。但这样做除了满足理论工作者的自尊心，恐怕没有别的益处，在生物学中尤其如此。更让我吃惊的是，我发现大多数理论工作者并不重视模型（model）与演示（demonstration）的区别，往往把后者当成了前者。

按我的理解，"演示"是一种"权宜"理论（具体描述参见第106页）。也就是说，它不见得是正确答案，只是一种可能的理论。在一定意义上，它是一种存在性证明。有趣的是，文献里记载着一个与基因和DNA有关的这样一种演示。

1972年去世的著名遗传学家莱昂·彭罗斯（Lionel Penrose），晚年主持了伦敦大学著名的高尔顿（Galton）讲座。他对基因的结构颇感兴趣（那时不是所有的遗传学家都是如此）。他还爱好木雕，喜欢用一把锯子把胶合板做成各种东西。他做出了一系列这样的模型，试图表明基因复制的可能机制。这些木头零件造型精巧，带有钩子和其他机关。当受到振动时，它们会以一种有趣的方式分开或结合在一起。他为此特地发表了一篇科学论文，并在《科学美国人》上撰写了一篇更通俗的文章。他的儿子，著名的理论物理学家和数学家，罗杰·彭罗斯（Roger Penrose），在为皇家学会所写的悼念文章里记述了这些故事。

由于动物学家默多克·米奇森（Murdoch Mitchison）的引荐，我拜会过彭罗斯先生，并观摩了他的模型。出于礼貌，我表现得很有兴趣，却发现自己很难严肃地对待它。我不解的是，这发生在20世纪50年代中期，当时DNA双螺旋结构已经发表了。我试图提醒他注意已经发表的双螺旋模型，但是他对自己的"模型"更感兴趣。他认为，他的模型也许跟生命起源阶段的DNA前体有关。

在我看来，他的木制零件与当时已知的（或者未知的）化学结构毫无关联。我相信，即使他对有机分子的结构不感兴趣，他也不会认为基因是由木头构成的。那么，为什么他的方法收效甚微呢？因为他的模型与真实情况相差太远。当然，任何模型都有一定程度的简化。我们的DNA模型是金属制作的，但它尽可能真实地体现了已知的原子间距、氢键的作用距离，考虑到了不同化学键的强弱差异。我们的模型本身并不遵循量子力学定律，但它在某种程度上体现了这些定律。当然，它无法体现热力学运动引起的振动，但是我们可以允许这样的振动。我们的模型和彭罗斯的模型的关键区别在于，我们的模型可以做出预测，推断出模型本身不具备的特征。在模型和演示之间也许没有清晰可辨的分界，但是在这个例子里，区别非常清楚。由于双螺旋模型体现了具体的化学特征，它是真正的模型；而彭罗斯的模型只是演示，是一种"权宜"理论。

更令人不解的是，他的"模型"在我们的双螺旋模型之后提出来。为什么他如此着迷？我认为，一方面他从内心深处喜欢做木雕，喜欢摆弄木头零件，他为自己的这个爱好可以用来解决他职业生涯的关键问题而感到欣喜。另一方面，我猜想他可能对化学不感兴趣，也不打算考虑它。

我不禁想到，之所以有如此多的脑"模型"，恐怕也是因为它们的提出者喜欢摆弄电脑，编写电脑程序，当一个程序得出漂亮的结果的时候他们就信以为真了，他们甚至都没有核实过脑是否用了他们"模型"里涉及的零件。

因此，在生物学中，一个良好的理论不仅应该能解决手头的问题，而且，只要可能，尽量综合来自不同方法的证据，从而方便将其诉诸检验。这并不意味着它们马上就可以得到验证 —— 自然选择还不能马上在细胞和分子水平得到检验 —— 但是，一个理论如果得到了预期之外的证据支持，特别是不同类型的证据支持，那么它就更有说服力。

第 11 章
缺失的信使

116   我接下来要谈的是所谓的"信使RNA"。DNA的双螺旋结构为我们的研究提供了可贵的理论框架，因为它不仅把许多看似不相关的实验方法联系了起来，还暗示出了崭新的实验——而这些实验在没有DNA模型的时候是难以设想的。不幸的是，我们的思路中藏着一个重大错误。在当时，我们还不确定是否有某些蛋白质在细胞核里合成（大多数DNA是在细胞核里），但所有的证据都表明蛋白质合成发生在细胞质里。因此，DNA的序列信息必须以某种方式透过细胞核运送到细胞质里。容易想到的思路就是信使RNA，这个想法比DNA模型提出得还早。沃森正是据此提出了那句口号，"DNA制造RNA，RNA制造蛋白质。"

当时，人们知道，蛋白质合成更活跃的细胞里含有更多的RNA。到了20世纪50年代后期，人们知道大多数RNA都存在于微小的颗粒上，现在称为核糖体。核糖体中包含了RNA分子和蛋白质分子。于是，
117 人们很自然地假定，每个核糖体合成一种蛋白质，而其中的RNA就是信使RNA。我们进一步假定，每个活跃的基因产生一段（单链）RNA拷贝，后者在细胞核内与特定的蛋白质包裹起来，运送到细胞质里然后指导特定多肽链的合成。每个核糖体都与转运RNA分子（参见附录

甲）协同作用，以某种方式体现着遗传密码（一个假定，当时尚未发现）的细节。由此，含有四个字母的RNA被翻译成了含有21个字母的蛋白质。

差不多在这个时候，我和布伦纳相当详细地讨论了如何分离核糖体，然后提供所有必要的前体，证明一个核糖体仅能产生一种类型的蛋白质。不过，这个问题看来极为困难，因为当时的技术还不够成熟，所以我们就把它放下了。事后来看，这真是幸运，否则我们就要在这个困难的、注定要失败的（虽然当时我们并不知道会这样）实验上浪费大量的时间和精力。

核糖体的功能显然非常重要，许多实验工作都围绕它们展开。实验方法一般都很新，不免受到质疑，结果也并不明确。尽管如此，一系列颇为费解的"事实"还是引起了大家的关注。在生长的细菌中提取出的核糖体RNA几乎没有催化能力，因此叫作"惰性代谢产物"。由于蛋白质的大小不一，人们预期核糖体中的RNA分子也会有所差异。但是实验证据支持"核糖体RNA只有两种固定的大小"。不同物种细菌的DNA碱基差异很大，因此，人们预计它们的信使RNA差别应该也很大，但是核糖体RNA的碱基组成差别很小。我们可以提出一些特别的理由来解释这些薄弱的事实，但是它们令我们坐立不安。我和布伦纳花了许多时间研究这些证据，试图甄别哪些是错误的。

事实上，问题的澄清得力于完全不同的实验。法国巴斯德研究所的研究人员进行了一个叫作PaJaMo的实验，因为作者是帕蒂

（Pardee）（美国来的访问学者）、雅各布（Jacob）和莫诺[1]。莫诺的兴
118　趣主要是诱导蛋白质的合成，特别是 β-galactosidase酶的合成。如
果在细胞培养基里提供半乳糖（galactose），而不是常见的葡萄糖，
细胞就开始合成这种酶。雅各布主要关心的问题是，在细菌交配的过
程中遗传信息是如何传播的。他和沃尔曼（Eli Wollman）进行了著名
的细菌混合实验，将"雄性"和"雌性"细菌混合在一起，经过一段时
间之后，在搅拌器中分开，在分子水平上中断交配过程。幸运的是，
细菌交配的过程比较长（可以持续2个小时，相当于快速生长细菌的
好几个生命周期），这为研究提供了便利。他们发现，在这段时间里，
基因以线性的方式进行转移，而且遵守严格的秩序，因此，中断影响
的是后面的基因，而不是前面的基因。事后证明，这是细菌遗传学的
一个重大发现，多年的迷惑一扫而光，许多困难迎刃而解。

　　在我们看来，这个过程的重要之处是：一个特定的基因，比如
"半乳糖苷酶基因"，可以在特定的时间引入到细胞里。在此之后，我
们就可以观察新蛋白质的合成如何随时间发生变化。

　　结果相当惊人。我们预期新基因很快就会产生它自己的核糖体，
而这些核糖体会慢慢积累，于是蛋白质合成的速度也越来越快。而
PaJaMo实验表明，情况并非如此。在基因引入不久，半乳糖苷酶蛋
白就开始合成，速度相当之快，并且保持恒定。

　　我们当然对此半信半疑。莫诺来剑桥访问的时候跟我们提前透露

---

1. 三人姓氏的前两个字母组合为PaJaMo，发音近似于pajama（睡衣）。——译者注

过这个消息，但当时还只是初步结果。布伦纳和我为此担心了好几个月。我试图寻找别的途径解释这个实验，但都显得过于勉强。

1960年的基督受难日（Good Friday），雅各布到剑桥访问。实验室都关门休息了，只有我们几个人在国王学院的吉布斯（Gibbs）楼里会面，布伦纳就在这里工作。贾德森在《创世记的第八天》里对这次会面有更详细的记录。这里，我仅谈几个要点。

因为他们最初的论文里有几处可能的漏洞，我一上来就仔细询问 119
雅各布PaJaMo实验的事情。雅各布向我们详细解释了后续实验如何弥补了这些缺陷。他也提到了帕蒂和莱利在伯克利最新的工作。慢慢地，我们意识到，他们的结果是正确的，我们必须接受事实。当时谈话的具体细节难以重现了，因为最初的记忆已经被后来发生的事情掩盖，不过我们的思路不难复述。PaJaMo实验表明，核糖体RNA不可能是信使。之前的种种疑难已经一再地暗示了这一点，但是我们还没能够走出关键一步，即，如果核糖体RNA不是信使，那信使是什么呢？此刻，布伦纳大喊了一声——他猜到了答案（我也猜到了，虽然其余人还没有）。这个课题里一直有一个边缘问题，在噬菌体T4侵染大肠杆菌之后，细菌体内很快会有少量的RNA出现。早在1956年，两位科学家，艾略特·沃金（Elliot Volkin）和拉泽如斯·阿斯特拉汉（Lazarus Astrachan）就发现了一种新合成的RNA的碱基组成不同寻常，因为它对应于入侵噬菌体的碱基组成，而不是宿主大肠杆菌的碱基组成。这两者的区别相当明显。他们最初以为这可能是噬菌体DNA的前体，是受感染的细胞被迫合成出来的，但是进一步的研究表明这个假说是错误的。于是，这些匪夷所思的结果就一直晾在那里，悬而未决。

问题于是变成了：如果信使RNA不是核糖体RNA，而是另一种特别的RNA，那么为什么我们还没有看到它们？布伦纳意识到了，沃金·阿斯特拉汉发现的RNA正是噬菌体侵染细胞产生的信使RNA。洞察了这一关键点，接下来的解释就顺理成章了。如果确实有一种独立的信使RNA，那么，显然，核糖体不需要包含任何序列信息。它只是惰性的阅读探头。一个核糖体不必只与一个蛋白质绑定在一起，而是可以沿着信使RNA行驶，合成一个蛋白质，然后结合另外一个信使RNA，合成另一个蛋白质。PaJaMo实验也因此得到了解释：信使RNA在使用了几次之后被破坏了（我们最初假定它只被用了一次，但是很快就发现没必要如此苛刻），这也解释了蛋白质随时间线性增加的现象，因为用于合成半乳糖苷酶的信使RNA很快就达到了平衡浓度（合成与降解的平衡）。这听起来有点浪费，但是它使得细胞可以快速适应环境变化。

当晚我在家里开了一个派对。我们经常搞派对，在剑桥，人们公认分子生物学家的派对最活泼，但是这次却不大一样。半数的客人，比如病毒学家罗伊·马卡姆，没有参加早上的会面，就是来凑个热闹。另外一半聚在一起，热烈地讨论着新思想，看它如何轻易地解释了看似杂乱无章的数据，并积极地筹划着新实验以把这些假说付诸检验。其中一些，是布伦纳在访问加州理工期间，与雅各布和麦特·梅赛尔森（Matt Meselson）一道完成的。

有两件事情很难用语言表达。一个是思想火花闪现的片刻，仿佛顿悟之后的澄明。当时的场景如此难忘，以至于我至今仍然清晰地记得布伦纳、雅各布和我在那间屋子里就坐的位置。另外一个是新思想如何一举扫除了之前的繁难。仅仅一个错误的假定（核糖体RNA是信使RNA），就彻底打乱了我们的思考，不得不在重重迷雾中摸索。那天早晨醒来的时候，对于蛋白质合成的整体控制，我还只有一团混乱不清的想法，而晚上就寝的时候，所有的困难都消失了，真相如此清晰地展现在我们面前，熠熠生辉。当然，确立这些新思想的工作又花了数月乃至数年的时间，但是我们已经找到走出丛林的出路了。我们可以环顾广袤的平原，一览无余地眺望远处的群山。

新思想也为后续破译遗传密码的工作开辟了道路。现在，我们可以想象给核糖体添加上特殊的信使RNA（无论是天然的还是人工合成的信使），这在之前是无法想象的。

当然，你可能会问，为什么我们之前没有想到呢？在一定意义上，我们想到了，但是由于缺乏证据支持，我们没有意识到它的重要性。新思想需要我们接受如下论点：第一，我们在细胞质中观察到的RNA并不是信使RNA，而是具有其他功能。而它的功能是什么，至今也不是完全清楚[1]，虽然我们可以做一些合理的推测。第二，它还需要我们想象出一种从未见过的关键的RNA分子。我希望我当时有足够的勇气可以跨出这一步，但是谨慎的天性阻止了我这么做。当然，不乏讽刺的是，这种关键的RNA分子在一个特殊的情况下出现了（噬菌体感染的细胞），但是我们一直没有意识到它如此重要，直到那个耶稣受

121

1. 作者写书的时候并不清楚，现在我们知道它们是核糖体RNA。——译者注

难日的早晨，仿佛命中注定一般。当然，信使RNA早晚都会被发现，但是在我看来，那天早晨的启示无疑大大加速了发现的过程。在此之后，可以说，实验已水到渠成。我们只需努力工作，这真令人愉快。

第 12 章
三联体

虽然布伦纳和我清楚地意识到遗传密码是一个生物化学的问题,[122]但我们仍然希望利用遗传学的办法做一点贡献。一个特别的原因是,只要材料得当,遗传学办法进行得特别快,而生物化学的办法往往更慢。本泽已经用遗传学的办法表明遗传材料几乎肯定是一维的。这个问题受DNA双螺旋结构的启发,但方法却完全是独创的。

要精细地绘出一个基因图,我们必须选择非常罕见的研究对象。一个基因内的两个突变离得越近,它们之间发生重组的频率就越低。本泽选择的系统具有两方面的优势。它研究的是细菌噬菌体T4,一种可以侵染、杀死大肠杆菌的病毒。这种病毒生长迅速,而且重组频率高。他选择的基因被称为rII —— 事实上是一对靠在一起的基因 —— 这是因为它具有显著的技术优势。通过使用合适的宿主菌株,他可以从上百万个突变型的病毒中筛选出一个具有野生型基因的病毒。因此,非常稀有的重组基因也可以被检测出来。事实上,本泽的系统如此强大,以至于可以精确到DNA上相邻的碱基之间。不幸的是,当时没有好办法从大量的野生型中挑选出突变型;不过,在合适的宿主里,菌斑(病毒入侵大肠杆菌菌落留下的痕迹)的样子会有所不同,因而易于辨认。在培养皿上,一个突变型的菌斑与几百个野生型的菌 [123]

斑很容易区分开。

　　绘制基因图谱的传统方法是首先选择一系列不同的突变体，然后测算出任何一对之间的距离。利用三个突变体进行更精细的测算是可能的，但这需要统计成百上千个菌斑，颇为费事。

　　本泽不喜欢重复性劳动，他想出了一个更好的办法。在点突变之外，他发现某些突变体似乎是缺失突变。它们在遗传图谱中呈现为一个线段，因为它们似乎覆盖了至少两个点突变。于是，他收集了全套的缺失突变，一方面，如果两个缺失突变有重叠，那么，重组就永远无法恢复成完整的野生型（因为重叠的部分永远地失去了）。另一方面，如果缺失突变之间没有重叠，那么合适的重组就可以恢复野生型。

　　打个比方，设想一本书有两个残缺的版本，一个缺失了第100至120页，而另一个缺失了第200至215页。显然，这两个版本各自都有一个连续的缺失突变，但我们可以根据这两本书获取整本书的内容。但是，如果第二本书缺失的不是第200至215页，而是第110至125页，那么，我们就无法恢复第110到120页的内容，因为这两个版本里都没有这一部分了。

　　为了让这个类比更接近，我们必须再延伸一点。设想这本书讲的是制作一件复杂仪器的详细流程，缺失了任何一页，都无法制造该仪器，或者造出来的仪器无法正常工作。然后，再假定我们有数百万本残缺的书。规则是这样的：选择一本书的拷贝，从中抽取最开始的 n 页，然后从另外一本书里选择剩余的页码。我们再来看这本新的

"杂交"之后的书是否会制造出可以工作的仪器。重复该过程100万次，每一次随机选择交换的页码（n）。如果偶然制造出了一件完好的仪器，那么这两个缺失体就没有重叠。如果从来都没有出现一个完好的仪器，那么这两个缺失体很可能有重叠。

这套办法似乎颇为复杂，但是在我们无法洞察噬菌体内情况的时候，这是唯一的办法。本泽需要做的就是同时使用两种病毒感染大肠杆菌，让病毒交配，等病毒生长并在细菌内发生重组之后，再把这些病毒涂布到含有细菌的平板上。如果缺失没有重叠，那么就会形成重组病毒，平板上就会出现菌斑。如果它们之间果真有重叠，产生的病毒无法存活，那么平板上就不会有菌斑。这样，我们就避免了费时费力地数菌斑，得到是或否的简单答案。

本泽的主张是，如果基因是二维的，那么一共有4种缺失型的特殊排列。缺失A会与B、C重叠，D可能会与B、C重叠；但是B和C不会重叠，A和D也不会重叠（图12.1）。不难看出，如果基因是一维的，

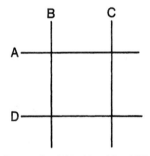

图12.1　为了在二维平面里说明该论证过程，我们可以假设缺失A会与B、C重叠，D可能会与B、C重叠；但是B和C不会重叠，A和D也不会重叠。如果A、B、C、D属于同一条直线（即一维），这种情况就不可能出现。鉴于本泽在众多缺失突变里从未发现过这种重叠，于是，他正确地得出结论：他研究的基因是一维的。这与"基因由DNA组成"的观念吻合。

这种情况就不会出现。本泽挑选了上百个缺失突变，两两杂交。图中
显示的情况从未出现。因此，他得出结论，基因很可能是一维的。他
的实验同样可以表明缺失突变的相对距离，因此，他可以大致看到每
一个突变在基因图谱中的位置。

出于多方面的考虑，我们打算使用同样的系统进行实验。我们感
兴趣的是不同化学试剂产生的突变及回复突变。突变型可以大致分成 125
两类：大多数化学试剂产生的突变型属于第一类，吖啶橙类物质产生
的突变型却属于第二类。产生一种突变型的化学物质同样容易产生其
回复突变。恩斯特·弗里斯（Ernst Freese）曾提议，一类物质只产生
"转换"（transitions），即嘌呤变成嘌呤，或嘧啶变成嘧啶（参见附录
甲），而另一类物质产生"颠换"（transversions），即嘌呤变成嘧啶，
或嘧啶变成嘌呤。我们有不同的想法。某些突变有"泄漏"，即，突变
基因仍然具有一定程度的功能；而另外一些突变则没有泄漏，即，它
们完全失去了功能。我们注意到，硫酸原黄素（proflavin，一种常见的
吖啶橙类物质）产生的突变从来没有泄漏。我们推测，硫酸原黄素突
变引起的是碱基的缺失或者多余，而其余的突变则是碱基替换。不过，
我们并没有进一步的证据。

与此同时，我又萌生了一个新的想法。在思考 RNA 分子如何作为
信使的时候，我想到，它是否会与自身折叠并形成一种松散的双螺旋
结构？我的想法是，某些碱基可以与另外一些配对，而那些不能配对
的则会凸出来。遗传密码可能就取决于凸出来的或者配对的碱基，或
者是两种可能性的某种复杂组合。这个主意相当模糊，但是做出了一
个重要的预测。理论上，信使一端突变的效果可能被另一端（与其配

对的部分）突变的效果抵消掉，因此在同一个基因内的某些突变体应该具有远端的"抑制子"（suppressors）。

　　我对这个想法颇为青睐，其他人却不以为然。在那之前，我从未亲自做过任何噬菌体遗传学实验，而是完全依赖于观察同行的结果。鉴于没有人愿意检验我的想法，我决定自己动手做些实验。噬菌体遗传学并不难学，特别是身边还有专家的帮助。尽管如此，我还是犯了一些低级错误，幸运的是，我很快就改正了。做实验的过程也让我认识到，我的知识是多么浅薄，虽然我自己多次参与讨论过该系统，但没有什么比亲自动手更能让人全面理解一个技术了。它也让我更好地记住了实验细节，在这之前，我一直觉得科学论文的"实验方法"部分读来非常枯燥。

　　自然，我选择了 rII 基因展开实验，集中研究第二个基因，即所谓的 B 顺反子（B cistron）（顺反子是本泽给基因起的别名，因为它可以通过所谓的顺反测试得到界定）。我从手头现有的材料中选择了一个突变型，然后寻找一个回复突变型 —— 多少类似于野生型，然后看看这个回复突变基因里是不是有第二个突变。如果这个基因不成，那我就换一个基因继续寻找。

　　起初，我没找到任何抑制子。这可能是由于回复突变发生的位置过于靠近原始突变，难以觉察。有一天，奥格尔来剑桥聊天。当他路过我这儿的时候，我就跟他聊起来我的工作没有进展。于是他去了别人那边，我继续检查剩下的平板。令人高兴的是，我找到了一个可能的抑制子。

很快我就找到了三个抑制子，而且幸运的是，它们分散在基因图
谱的不同位置。我分离到了这些抑制子，并着手进行测序。我的理论
马上就被否决了。每个抑制子都没有落在预测的位置，即，基因图谱
的另一端，事实上，每个抑制子都离得非常近。抑制效应必定另有
原因。

在我毫不知情的时候，其他人也注意到了rII的基因突变可能在
同一个基因里有抑制子。也许最著名的一个例子是加州理工的理查
德·费曼（Richard Feynman），那个著名的理论物理学家。他对遗传
学问题产生了浓厚的兴趣，决定亲手做点实验。他碰巧发现了这样一
个内部抑制子。因为不明白这个发现的意义，他询问了他的导师，马
克斯·德尔布吕克。德尔布吕克认为，本来的突变型产生了一个突变
的氨基酸，而第二个突变型改变了另外一个氨基酸，刚好抵消了第一
个突变带来的变化。不难看出，这确实有可能发生，但是我们认为这
种情况发生的可能性应该很低。

我也考虑到了这种可能性，但是我对这个解释不大满意，部分原
因在于，我很清楚我们对蛋白质结构知之甚少。我打算看一下一个突
127 变型里可能会有多少不同的抑制子。我必须从三个抑制子里选一个进
行后续研究。经过一番考虑，我选择了离亲本突变型最远的那个抑制
子，希望这可以给我更大的空间进行实验。我也注意到了另外两个突
变型是由硫酸原黄素（proflavin）产生的。虽然这不具有统计上的显
著性，但在我看来很典型。

这时候我做实验已经颇有经验了，因此进行得比较迅速。噬菌体

遗传学实验的优势在于，只要平台搭建起来，实验进展很快。我很快就进行了100次杂交，由于操作简单，每一次杂交实际上只需要20分钟。在此期间，噬菌体感染细菌，并在其中繁殖（从而交换了遗传材料），然后裂解细胞，杀死细菌。杂交结果必须涂布到长有一层细菌的平板上，然后等这些细菌长出菌落。当病毒侵染了细菌，在其中繁殖，并杀死了细菌的时候，就会在平板上形成一个透明空腔（即菌斑）。这个过程需要数小时，实验人员可以借此机会休息下。之后我们就可以取出平板，检查是否含有菌斑，以及，如果有的话，它是何种类型。有趣的是，这时我还可以挑出"菌斑"——用一点纸片或者牙签挑出病毒，再次接种到新宿主里——重复这一步是为了确认噬菌体不含污染。如果你工作比较努力，可以在一天之内完成两次杂交，并为第二天的工作做好准备。

实验越来越有趣了。我发现，如果善于统筹时间，我可以在一天之内完成两次连续的杂交实验。这意味着，一大早马上开始实验，中午回家吃午饭，忙一下午，回家吃晚饭，晚饭之后再忙一阵子。幸运的是，奥黛尔和我的住处离实验室不远，步行只要几分钟，而且走在剑桥的古老校园别有趣味，我并不觉得工作枯燥。事实上，奥黛尔告诉我，她从没见过我像那段时间那么高兴，但这可能是因为连续好几个星期所有的实验都进行得非常顺利。

我很快发现，我最初筛选到的突变型具有多个抑制子，而且，所[128]有的抑制子离最初的突变体都非常近。我决定给每个抑制子都取一个独特的名字。我常常周末也工作，周一再休息，这样我们实验室的准备间（供洗瓶子、准备平板之用）可以有时间得到清理。刚巧一个周末我需要给一批突变体起名，而周围没有人。突变体一般用字母开头，然后是数字，因此 P31 意味着 P 系列（可能是指 proflavin）的第 31 个突变体。不幸的是，我记不清之前用的是哪个字母了，因此我决定把突变体命名为 FC0，因为我比较确定没有人用过我名字的首字母缩写。新的抑制子于是命名为 FC1、FC2 等。这也许显得有点自大，但是真正的原因在于我的记性太糟糕。

新的抑制子似乎都是非泄漏型突变。我想，既然如此，为什么不看看这些抑制子是否也有抑制子呢？果然有。更进一步，我发现抑制子的抑制子也有抑制子。

这到底是怎么回事？幸运的是，我们已经猜到了正确答案。假定遗传信息（用来编码蛋白质）从信使中的一点开始，每次阅读三个碱基。为了简化问题，让我们作一个更极端的假定，遗传信息都是 TAG 的重复：

... TAG，TAG，TAG，TAG，TAG ...

省略号代表前后的碱基序列，逗号表示阅读遗传信息的不同相位。我们假定相位是由某个特殊的"起始"信号决定的，它位于序列左端的某个位置。

假定我们最初的突变体（现在被称为 FC0）中多了一个碱基。于是，从这一点之后，所有的遗传信息都将错位（相位不对），因此将产生无功能的蛋白，因为这一点之后的氨基酸序列都完全错误，所以这个基因将失去功能。

129 　　我们的序列可能会变成：

$$\ldots \text{TAG, T}\overset{+}{\text{C}}\text{A, GTA, GTA, GTA, GTA,} \ldots$$

correct→ ←———— incorrect ————→

（此处我们以多了一个C作为例子，但是四种碱基中的任何一个都是可能的。）

　　于是，沿着这个解释，一个抑制子，比如说FC1，可以是在附近缺失了一个碱基。由于发生了移码，在FC0和FC1之间的信息仍然是不正确的，但是其他地方的遗传信息是正常的。

　　我们的例子可能是这样的：

$$\ldots \text{TAG, T}\overset{+}{\text{C}}\text{A, GTA, GT}\overline{\text{A}}\text{G, TAG, TAG,} \ldots$$
$$\ldots \text{TAG, T}\overset{+}{\text{C}}\text{A, GTA, GT}\overline{\text{G}}\text{, TAG, TAG,} \ldots$$

correct→ ← incorrect ——→ ← correct ——→

　　如果发生改变的氨基酸序列并不关键（在这个例子里，还有其他的证据支持这一点），那么蛋白质的功能将不受大碍，而双突变型（FC0+FC1）看起来更近似于野生型，而不是非泄漏型突变。

　　于是，我把第一批抑制子标记为"－"。第二批，抑制子的抑制子，标记为"＋"，它们的抑制子又标记为"－"。

　　我是从五月初开始这些实验的，这时已近夏天。我本来计划夏天带我的家人出去度假，这是我们第一次像模像样地度假，因为这时候我的经济状况已经略为宽裕了。我们没花多少钱就在北非小镇丹吉尔的山上租了一栋别墅，正对着直布罗陀海峡。我们在这里过得无比惬意，有两位阿拉伯仆人，一位常驻，还有一位隔天来打扫卫生。奥黛尔和与我们同行的德国女孩，以利亚诺拉，学会了怎么在阿拉伯市场买东西，讨价还价，四处闲逛。我们的两个女儿在海滩边学游泳，而我基本上就在棕榈树的树荫下闲坐着消暑。

130　　去丹吉尔的路上，我参加了一个学术会议。即使在那个时候，科学家也不大愿意参加会议，除非地点特别吸引人。这次会议位于勃朗峰的半山腰上。我报告了初步实验结果，最后以会议摘要的形式发表了。

　　在丹吉尔过了一个月，我就去参加1961年在莫斯科举行的生物化学大会，我的家人在丹吉尔又过了一周左右才返回英国。我上一次访问莫斯科是在1945年，时值第二次世界大战，这次再去感觉大不一样。当时正值盛夏，与战时死气沉沉的样子相比，各行各业都显出一派欣欣向荣的景象。我住在大学校园的学生公寓里，而会议就在这个校园里举行。我们的东道主，其中的领袖人物是俄国物理学家伊戈尔·塔姆（Igor Tamm）。在苏联时期，李森科几乎摧毁了遗传学的发展，这时情况已开始好转。我感到，这很大程度上要归功于像塔姆这样的物理学家，他们有一定的政治影响力，而且能识破科学界的无稽之谈。我们好几个人受邀到俄国原子能研究所生物分部做报告，这在几年之前绝不可能发生。我们用英语做的报告，然后由俄国科学家布雷斯莱

（Bressler）同步翻译成俄语，我们之前在剑桥见过面。布雷斯莱不仅理解我们讨论的内容，必要的时候还可以做点补充以便听众理解（我可以感受到这一点），真是了不起。

这次莫斯科会议里特别有意思的一个报告来自马歇尔·尼伦伯格（Marshall Nirenberg），当时他还籍籍无名。他的实验我有所耳闻，但是不清楚细节。我在走廊里遇到梅塞尔森的时候，他还特意告诉我尼伦伯格的报告安排在了一个偏远的报告厅。我对尼伦伯格的工作非常感兴趣，因此提议他到我主持的大会议厅做报告。他发现，在试管里通过添加人工合成的信使RNA可以直接合成蛋白质。说得更具体一点，他在实验体系里添加了多聚尿嘧啶，即只有尿嘧啶组成的RNA信使，然后合成出了多聚苯丙胺酸。这暗示着UUU（假定是三联体密码）编码的是苯丙胺酸（蛋白质的二十种氨基酸之一），后来发现确实如此。我后来说听众对这个消息都"倍感震惊"（我认为我最开始写的是"若触电然"），本泽提供了一张照片反驳我的论断，照片中每一个人看起来都无精打采！尽管如此，这是一项重大发现，从此之后，我们再也没有后顾之忧了。[131]

莫斯科的一周也有些社交活动。我兴致勃勃地参观了一个装修老派的公寓，有笨重的家具，床的前面还有巨大的书柜。还有一个更现代的住宅，风格也更轻松。主人喜欢收集现代俄国艺术品。令我忍俊不禁的是，我注意到里奇向俄国主人展示了一种时髦的美式舞蹈，后来我才知道这是扭扭舞（twist）。由于他的腰肢动作不是非常明显，舞蹈看起来不大自然。

　　回到剑桥之后，下一步的实验是提供证据，来表明把新的rII突变型命名为"＋"或"－"是合理的。理论预测，任何（＋＋）或（－－）类型的组合仍然是突变体。我和同事们构建了许多这样的组合，正如我们所料，它们都是非泄漏型突变。理论同样预测，任何（＋－）类型的组合都将是野生型，或者接近野生型。我们知道在某些情况下这是成立的，因为我们正是通过这种办法从一开始选出来抑制子的。但是还有许多其他的组合并没有尝试过，我们称之为"叔叔阿姨们"。因为构建它们往往需要把突变体与上一代的突变体放在一起（但不能是它的亲本）。我曾请求布伦纳在我离开的这段时间进行这个实验，但是他不认同这个想法，所以我回来之后还得自己动手。

　　这个时候，出现了一个小小的困难。我们预测，（＋－）类型的组合应该是野生型，但是有些实际上是突变型。我们认为这可能是因为在这些情况下，"＋"和"－"之间局部的移框突变产生了一个"无意义"的突变。我们现在知道这是由于产生了一个终止密码子，使得蛋白质合成提前终止。我还意识到，这取决于阅读遗传信息的准确相位。对于非重叠的三联体密码，正确的相位又有一个，但是错误的相位却有两个，因此，一个（＋－）组合不同于（－＋）组合。

132　　回到我们举的例子，一个（＋－）组合可能是：

$$\ldots\ \text{TAG, T}\overset{+}{\text{C}}\text{A, GTA, GTA, GT}\overset{-}{\text{C}},\ \text{TAG,}\ \ldots$$
$$\text{correct} \rightarrow \longleftarrow \text{incorrect} \longrightarrow \leftarrow \text{correct}$$

而一个（－＋）组合可能是

$$\ldots\ \text{TAG, T}\overset{-}{\text{G}}\text{T, AGT, AGT, AG}\overset{+}{\text{C}},\ \text{TAG,}\ \ldots$$
$$\text{correct} \rightarrow \longleftarrow \text{incorrect} \longrightarrow \leftarrow \text{correct}$$

　　第一个，中间变成了 GTA；第二个变成了 AGT。这表明，（＋＋－）或者（＋－＋）的失败都遵循这个规则，这更坚定了我们的信心。

　　在这之前，布伦纳曾有一个想法。他推断（＋＋）突变体可能会回复突变为野生型。他尝试了一次，但是回复突变与原有的突变过于接近，以至于他无法分开。另外一个更加费事的办法是构建连续三个突变，即（＋＋＋）或（－－－）。根据我们的理论，这些都是野生型，因为这样连续的变化导致相位又恢复正常了。当然，这一切都假定了遗传密码是三联体。

　　用我们的简单序列举例，可能是：

$$\text{... TAG, TAC, } \overset{+}{\text{GTA}}\text{, GCT, } \overset{+}{\text{AGT}}\text{, AGC, } \overset{+}{\text{TAG}}\text{, ...}$$

$$\text{correct} \rightarrow \longleftarrow \text{ incorrect } \longrightarrow \leftarrow \text{correct}$$

　　要构建这样的三联体突变，一个直接但是繁琐的办法是选择三个相隔较近的突变，都是"＋"，然后分别构建出两对，各有一个中间突变（图12.2）。烦琐之处在于，我没有办法筛选这样的突变体，所以必须要对后代逐个杂交测试突变类型，直到找到（＋＋）。最后一步非常简单，把两个突变型杂交。鉴于它们都含有中间突变，所以杂交结果肯定不会是野生型。如果得到了近似于野生型的菌斑，那么它很可能就是我们寻找的（＋＋＋）。无论如何，接下来单独验证的工作就容易多了。

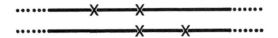

　　图12.2 每条线分别代表了亲本的一条双链。每个"X"代表了一个突变。如图所示，这样的两条双链重组，不可能得到不含突变的单链，因为中间的突变会一直存在。此外，有些后代可能会在同一条单链上携带三个突变。

当然，这里的前提是遗传密码确实是三联体。如果碱基以每次 4 个或 5 个来阅读（据我们所知，我们无法排除这种可能性），那么（＋＋＋）就是一个突变体，而我们必须构建出（＋＋＋＋），甚至（＋＋＋＋＋）。实验室里有人并不看好这个实验，而我几乎确信它会成功，布伦纳也这么认为，虽然当时他人在巴黎。他曾列出来三个可能的（＋＋＋）组合进行尝试，但是他离开之后，我幸运地意识到了其中两个可能不行，因为它们会提前导致链终止，所以我们选择构建第三个，避免了这个问题。

到这时候，我找了莱斯莉·巴奈特（Leslie Barnett）来帮我。最后一次按部就班地完成杂交实验，我们把一堆平板放到了培养箱。晚饭回来之后我们来检查它们。只需要看一眼平板就知道了：确实有菌斑！三联体突变表现为野生型。我们仔细地核查了平板的号码，确认我们观察的是正确的平板。万无一失。我跟她讲："你知道吗？世界上知道遗传密码是三联体的，目前只有你和我。"

不管怎样，这个结果非常了不起。这里我们有三个不同的突变，其中任何一个都会使基因丧失功能。利用它们，我们可以构建出三种不同类型的双突变，每一种也都不能工作。然而，如果我们把三个突变引入同一个基因（我们也单独做了实验，表明它们必须在同一个病毒里，而不是一个突变在这个病毒，另一个突变在那个病毒），那么，基因就又开始工作了。假如突变确实是增加或者减少一个碱基，而且遗传密码是三联体的话，这就很好理解了。简言之，我们提供了第一份有力的证据表明遗传密码是三联体。

　　我这么说可能有点夸张了。这份证据同样符合六联体的遗传密码,[134]但是正如辅助实验表明的,这种可能性非常低,不值得认真对待。

　　为了进一步支持这个结论,我们还需要更多的工作。我们构建了6个不同的三联体突变 —— 其中5个是(＋＋＋)类型,1个是(－－－)。实验表明,它们都表现得像野生型。我比之前更忙了,虽然现在莱斯莉给了我许多帮助。不过我也不是整天宅在实验室,娱乐活动还是有的。一个傍晚,我在实验室里忙活着,一位风情万种的女性朋友出现在我身后。"来参加派对吧。"她边说边用手指掠过我的头发。"我实在是太忙了,不过,在哪里啊?""这个,我们觉得最好还是在你家。"最终我们达成了妥协:她和奥黛尔在我家组织一个小型派对,我一做完实验就赶过来。

　　回头来看,我们似乎工作得非常之少 —— 这个夏天我离开了6周,去了勃朗峰、丹吉尔和莫斯科 —— 但是我们工作得很有效率,而且进展迅速。我从五月初开始着手新实验,我们的论文发表在当年最后一期的《自然》上。

　　我们并未就此止步。特别是布伦纳,他又利用这个系统做了许多设计精巧的实验。最终我们决定发表一个完整的故事,因此巴奈特和我继续努力工作,巩固了所有的薄弱环节。在此过程中,我们又得到了一个振奋人心的结果。当时我们知道,两个三联体UAA和UAG是终止密码子。我确信UGA是第三个终止密码子。布伦纳设计了一套复杂的遗传实验,但是结果总是表明它不是的。当我们在写论文的时候,我们留意到我们并没有完成该实验设计里的所有工作。我们不想

在图表中留出一个空白，于是请求巴奈特干脆把我们遗漏的部分实验
也补上。令我们意外的是，这一次实验成功了！我们又重复了之前所
有的实验，这一次，它们也成功了！我们意识到，我们第一次做实验
的时候，虽然设计了一系列的对照实验，但是在每一组实验里总是漏
掉了这个或者那个对照。当所有的对照实验都补齐之后，实验结果表
明，UGA 也是一个终止密码子。

　　我们本来打算在八月份的《皇家学会哲学学报》(*Philosophical*
Transactions of the Royal Society) 公布我们不理想的实验结果。但是，
鉴于现在的发现更有趣了，我们把论文撤了回来，单独整理成文，不
久就发表在了《自然》上。后来发现我的名字也出现在论文作者里的
时候，我颇为惊讶，因为我们的惯例是只有做出了显著贡献的人才出
现在作者名单里，而我仅仅提供了一些友好的建议而已。我问布伦纳
是怎么回事，他笑着说，"因为你总唠叨个没完。"我于是作罢。

　　巴奈特完成的另外一个更繁琐的实验是把 6 个 "＋"一起放在一
个基因里来表明结果跟野生型类似。很难描述该实验是多么的无趣、
复杂。所需的突变型(＋＋＋＋＋＋)必须一步一步地组建起来，而
且每一个环节都要验证它的正确性。当拿到最终的组合之后，还要再
次逐一进行验证，确保它就是我们预期的突变。单单是描述这个实验
就占了好几页。

　　当我们最终完成草稿的时候，我告诉布伦纳，我推测世界上可能
只有他和我会这么认真地读这篇论文。我们想开个玩笑，我们决定添
加一条虚构的参考文献，因此在某个地方我们写了"莱昂纳多·达芬奇

（私人通信）"，然后就把论文递交给皇家学会了。一位匿名的审稿人
没有发现，也未加评论，但是我们接到了另外一个审稿人海耶斯（Bill
Hayes）的电话，他问，"在你们实验室工作的那个意大利小伙子是
谁？"无奈，我们只好把这条参考文献删去了。

　　利用遗传学手段证明遗传密码是三联体，这不啻一项壮举。不久
之后，人们用直接的生物化学的办法也证实了这一点。长远来看，更
重要的一点是证明了吖啶橙引起的是缺失突变。即使是这一点，也没
有太大的意外，因为莱昂纳多·莱曼（Leonard Lerman）提供了非常
有力的物理化学证据表明，吖啶橙插入到了DNA的碱基之间，而这可
能会引起DNA复制的时候多一个或少一个碱基。此外，这个理论必须
等到直接的生物化学证据才能确立。生物化学家比尔·德艾耶（Bill
Dreyer）和乔治·斯泰辛格（George Streisinger）都打算进行这方面
的工作，但是实验过程并不容易 —— 在当时，进行生物化学的工作
有一些技术性的困难。大约每个月，布伦纳和我都要辩论一番我们要
不要自己动手解决这个问题，但是我们迟迟没有行动，特别是因为斯 136
泰辛格是在我们实验室工作过的一个"大男孩"。最终，斯泰辛格取
得了进展，他用的不是未知功能的基因，而是噬菌体裂解酶。结果不
出所料，突变体中多出来一串氨基酸。此外，它们也符合刚刚揭示出
来的遗传密码。

　　不久之后，我又参加了一个学术会议。这是由生物学家康拉
德·维丁顿（Conrad Waddington，昵称Wad）组织的，在科莫湖畔的
塞波隆尼酒店（Villa Serbelloni）举行。在这里我第一次遇到了数学家
若内·汤姆（René Thom）。未及寒暄，他就告诉我，我们关于吖啶橙

突变的工作肯定搞错了。由于我刚刚得知我们的工作得到了生物化学的支持，他的评论颇令我意外，就问他为什么这么想。他解释道，如果我们构建了三突变体，那么，根据泊松分布，我们肯定也会有单突变体、双突变体、四突变体，等等，因此，我们的论证是不严谨的。由于我们费了很大的力气构建出多突变体（而且逐一仔细验证过了），我马上就看到他的反驳是无力的，因为他从根本上误解了我们的实验。这或者是由于他没有仔细地阅读我们的论文，或者是没有读懂。但是，根据我的经验，许多数学家都有点智力上的懒惰，尤其不喜欢阅读实验方面的论文。

我对若内的印象是，他是一个不错的数学家，但有点傲慢，不喜欢用普通人能理解的语言解释他的想法。幸运的是，同行的另外一位拓扑学家，克里斯托弗·泽曼（Christopher Zeeman），加入进来，帮他理清了表达。

我的另外一个印象是，若内对科学工作的实情知之甚少。他知道的那一部分，他也不喜欢，斥之为简单粗陋。在我看，他有很强的生物学直觉，但不幸都搞反了。我怀疑他对生物学的所有理解都是错误的。

第 13 章
总结

现在，是时候对所有的线索做一番总结了。在之前的章节，我粗 137
线条地描述了生物学研究的某些方面，既是为了阐明它的独特性质，
也是为了说明科学研究是一种人类的活动。

生物学研究之所以特别，是因为漫长岁月中发生的自然选择。每
一个生物体、每一个细胞、每一个生物大分子，都是长时间复杂作用
的产物，这个过程往往可以追溯到数十亿年之前。这使得生物学跟物
理学大相径庭。物理学，无论是它的基础研究，比如研究基本粒子及
其相互作用，还是应用研究，比如地质物理学或者天文学，都跟生物
学非常不同。固然，在后两个例子中，我们同样会处理漫长岁月内的
变化，我们观察到的可能也是历史进程的终产物。美国大峡谷中层层
叠叠的岩石是一个明显的例子。不过，虽然星系也会"演化"，但它们
却不是通过自然选择发生的。在生物学之外，我们见不到类似于自然
选择的过程：某种构型的精准复制，复制中出现的突变，稀有的突变
日益普遍。即使我们可能偶然瞥见了这样的过程，它也不会一再发生、
渐趋复杂。

生物学的另一个关键特征是同时存在着许多一模一样的复杂结 138

构。当然，许多星星总体看来差不多，地质岩石中的许多晶体肯定也具有基本一致的结构。不过，一种类型的蛋白质，通常有许多完全一样的拷贝。如果仅仅是偶然因素，而没有自然选择的帮助，这种事件发生的概率微乎其微。

物理学的另外一个不同之处在于，它的结果往往可以表述为精炼、深刻，甚至与直觉相反的普遍规律。生物学里没有哪个理论可以与狭义和广义相对论，或者量子电动力学，甚至是简单如牛顿力学定律（能量守恒、动量守恒）相提并论。但是生物学也有它的"定律"，比如孟德尔遗传定律，它们往往是相当宽泛的总结归纳，而且会有显著的例外。物理学定律，我们认为，在宇宙各处都适用，这一点对于生物学很可能就不成立。我们不清楚外星生物（假如它果真存在的话）跟地球上的生物有多接近。我们可以相当肯定，它可能也受制于自然选择或者某种类似的机制，当然这一点也只是猜测。

生物学揭示的是机制，即化学组分造成的机制。在演化的过程中，古老的机制往往由于新机制的加入而发生改变。虽然奥卡姆剃刀原则在物理学中有用，但对生物学研究却可能有害。因此，用简单和优美来指导生物学研究恐怕失之草率。虽然有人认为 DNA 分子既简单又优美，但是我们不要忘了，DNA 分子几乎肯定出现于生命的源头，而彼时自然界还非常简单。

生物学家必须时刻提醒自己，他们的观察对象不是设计出来的，而是演化出来的。也许有人认为，演化理论对于指导生物学研究会发

挥很大的作用，但是实情并非如此。仅仅是搞清楚现在发生了什么都
非常困难，要弄明白演化的进程更是难上加难。因此，演化的论据可
以提示可能的研究线索，但是过于信赖它们则非常危险。除非对其中   139
的机制理解得比较透彻了，否则我们很容易做出错误的推断。

　　所有这些因素都会使物理学家觉得难以适应大多数生物学研究。
物理学家很容易就进行错误的归纳，编织出一个过于整洁、强大、干
净的理论模型。不出意外，这些模型很少跟实验数据吻合。而要提出
一个好的生物学理论，我们必须透过演化产生的叠床架屋，看到背后
的基本生物学机制，但是我们也要意识到，它们可能已经被其他次级
机制遮蔽。在物理学家看来无比复杂的进程可能是自然界中最简单的，
因为大自然只会在现有的机制上添砖加瓦。

　　遗传密码就是一个很好的例子。谁会发明出这样一个包含了64
个三联体的复杂机制（参见附录乙）？无疑，从理论上说，无逗号
密码肯定最有吸引力。这个优美的解决方案基于一个非常简单的假
定——可惜它完全错了。即便如此，遗传密码也遵循一定的简单规
律——密码子都包含三个碱基。相比之下，摩尔斯电码中的代号有
不同的长度，越短的符号编码越长的字母。这使得电码非常高效，但
是大自然在一开始可能不会产生如此复杂的特征。因此，对于生物学
里有关"效率"的论证必须保持必要的怀疑态度，因为我们不知道各
式各样的生物体在演化过程中遭遇过什么具体问题。如果不了解这些，
我们如何断定哪种"效率"在发挥作用。

　　从遗传密码的例子里，我们还可以得到更具一般性的教益。那就

是，在生物学中，有些问题可能还不适合于理论探索，或者时机还不够成熟。这可能有两方面的原因。第一点我在前文已粗略提及 —— 现存机制可能部分地源于历史偶然因素。另外一点是，所需的"计算能力"可能过于复杂，蛋白质的折叠问题似乎就是如此。

　　大自然毫不费力地执行着这样的折叠"计算"，无比精准，而且多条线索并行，这种综合能力让我们叹为观止。此外，演化可能已经形成了有效的策略，在诸多可能的结构中找到捷径，形成正确的折叠。蛋白质的最终结构是原子之间吸引力与排斥力的微妙平衡。对其中的每一个因素进行精确计算都非常困难，但是，要估测任何可能结构的自由能，我们必须估计它们的差异。另外，该过程往往发生在水溶液环境，所以我们还必须考虑到蛋白质周围的水分子，于是问题更加复杂。

140

　　这些困难并不意味着我们不应当寻找其中的普适原理（比如，水溶液中的蛋白质折叠的时候倾向于把疏水基团包裹起来），但这的确意味着我们最好搁置这样的问题，起码避免在过早的时候试图正面解决它们。

　　回顾分子生物学的历史，我们还可以得到一些教训，虽然我们在其他科学分支里也可以发现这样的先例。说来令人震惊，一个简单的错误观念就会使研究陷入困境。比如，我曾错误地认为 DNA 的每一个碱基都存在着至少两种构型。另一个更加严重的错误是，我认为核糖体 RNA 就是信使 RNA。但是，看一看这个错误的观念是多么的"可信"吧。胚胎学家布拉克特（Jean Brachet）曾表明，凡是蛋白质合成旺盛的细胞，其细胞质里也含有大量的RNA。布伦纳和我知道，要把DNA中的遗传信息传送到细胞质里的核糖体，必须要通过某种形式的信使，而且我们假定了它必须是RNA。这两点我们都是正确的。但是，谁能如此大胆，敢说我们看到的RNA并不是信使RNA，而真正的信使是另外一种RNA？我们可能还没有检测到它们，或者它们的含量很低，或者很快就降解了。只有当逐渐积累起来的实验事实与基本假设发生冲突的时候，我们才可能放弃先入之见。但是，我们之前就敏锐地意识到了有些地方不对劲，而且我们一直在寻找漏洞在哪。正是这种对观念的不满使我们有可能发现错误所在。如果我们没有尽心尽力地思考这些矛盾之处，我们可能永远无法找到答案。当然，最终总会有人发现它的，但是这个研究领域可能进展得更慢 —— 而我们将成为笑柄。

有一种经历很难诉诸笔端，除非你自己也曾亲历过，那就是：当正确的观念构造某一刻终于水落石出，如同顿悟，澄净之感在脑海中汹涌澎湃。你很快就看到许多之前难以理解的事实如何被新的假说妥帖地解释了。你可能会责怪自己为什么没早一点想到这个解释，它现在看来如此明显。但之前这一切都是云山雾绕。往往，要证明一个新的想法，我们需要一个不同的实验设计。有时候，这样的实验可能在较短的时间完成，如果成功，它就把假说牢牢地确定下来。在一年甚至更短的时间里，研究人员就能感受到"山重水复疑无路，柳暗花明又一村"。

前文（第10章）讨论了一般的否定性假说（如果我们确实可以发现一个好的假说的话）的重要性，避免混淆过程本身与控制该过程的机制，特别是不要颠倒了次要过程与主要过程。尽管如此，在今天的理论工作中，一个常见的错误是，在提出了一个权宜之计之后就不再寻找真正的好模型。理论工作者几乎总是格外偏爱他们自己的想法，这往往是因为他们对这些想法格外熟悉。要理论工作者承认他珍视的理论固然有一定的合理性，但可能是完全错误的 —— 这一点非常困难。

根本的问题在于，自然如此复杂，许多理论都可以一定程度上解释实验结果。如果说，优美和简洁对生物学来说可能是危险，那么我们凭借什么向导才能走出理论的丛林呢？对我来说，唯一真正有用的向导包含在实验证据里，虽然这种信息也不是没有危险，因为如我们见过的，有些实验结果往往误导人，甚至是完全错误的。因此，仅仅对实验证据有泛泛的认识是不够的，必须对许多不同类型的证据都有深刻的、批判性的洞察，因为你永远无法知道哪种类型的事实可能会提供解决问题的钥匙。

在我看来，采取这种办法的理论工作者寥寥无几。当遇到难题的时候，他们往往对理论做些小修小补，而不是寻找关键的实验检验。142 我们应该自问的是：我所构建的理论的核心特征是什么？如何检验它？是否需要某些新的实验方法来检验？

生物学的理论工作者应当认识到：仅仅凭借一个机智的念头把他们想象到的事实稍稍联系起来，很难提出一个有用的理论。第一次尝试就提出一个好的理论，可能性更加微乎其微。只有外行才会对他们的第一个"宏大、优美"的主意抱住不放，内行懂得他们必须经过多次尝试，不断提出理论，才有可能击中要害。而抛弃一个理论、追逐另一个理论的过程可以让他们获得批判性的、不偏不倚的态度，这对他们的成功至关重要。

理论生物学的工作在于建议新的实验。一个好的理论不但要提出预测，更要提出惊人的预测，而且日后证明是对的 —— 如果这些预测在实验工作者看来非常明显，那还需要理论做什么？理论工作者们常常抱怨实验工作者忽视他们的工作，让理论工作者先提出一个惊人的理论，然后世界才会承认他对于复杂的问题可能别有洞察（尽管它并不总是正确的）。在此之后，那些本来忽视他的实验工作者们可能会提出一连串的问题，理论工作者也许难以招架。如果本书能帮助人们提出一个好的生物学理论，那就算不辱使命了。

第 14 章
尾声：我的近况

143　　　1966年6月，冷泉港实验室的年会主题是遗传密码。这标志着经典分子生物学的落幕，因为遗传密码的精细分析表明，分子生物学的基本概念总体上是正确的。在我和许多人看来，最令人注目的是我们竟然在如此短的时间内就完成了这项工作。1947年，当我刚开始生物学研究的时候，还完全想不到那些最吸引我的重大问题 —— 基因是由什么组成的？它是如何复制的？它是如何开启或关闭的？基因的功能是什么？ —— 在我的有生之年都解决了。当初选择研究领域的时候，我以为这些问题会占据我的全部科研生涯，而现在，大部分目标都实现了。

　　　当然，并非每一个问题都彻底得到了解决。我们目前还不知道所有基因的碱基序列。关于基因复制的生物化学机制，我们只有非常粗线条的认识。我们了解了细菌中的基因是如何调控的，即使是这一点，我们也不清楚分子细节。关于高等生物里的基因调控，我们几乎一无
144 所知。虽然我们知道信使RNA指导了蛋白质合成，但是我们对蛋白质合成的位点 —— 核糖体 —— 的认识还接近于零。尽管如此，到了1966年，我们还是认识到，分子生物学的大致框架已经充分建立起来了，我们可以在此基础上补充更多细节。

布伦纳和我都认为，是时候转向新的领域了。我们选择的是胚胎学——现在更常称为发育生物学。布伦纳经过长时间的阅读和思考，选择了一种不起眼的小动物，秀丽小杆线虫（caenorhabditus elegans），作为模式生物，因为它繁殖迅速，容易培养，具有独特的遗传学特征（雌雄同体，自体受精）。现在，许多工作都是在这种小动物身上展开——甚至包括衰老研究。这都源于布伦纳的开拓性贡献。

我认为发育的一个关键特征是梯度，无论其内容为何。在某种意义上，表皮细胞似乎知道它在皮层中的位置。这可以归因于某种形式的"梯度"——某种化学成分的浓度从细胞一端到另一端呈规律性变化，但这种化学成分是什么我们并不清楚。这个时候，彼得·劳伦斯（Peter Lawrence）加入了我们实验室，我仔细追踪了关于昆虫表皮梯度方面的研究，这项工作最初是由迈克·洛克（Michael Locke）开创的。我的同事威尔考克（Michael Wilcox）和格雷姆·米奇森（Graeme Mitchison）研究的是更简单的系统——蓝绿藻（现在称为光合细菌）形成链状细胞的排列方式。虽然做了许多努力，但我们似乎无法探明问题的生物化学基础——究竟是何种分子形成了这种梯度？最终我又换到了另一个研究领域。我开始对组蛋白感兴趣，它们是高等生物中与染色体DNA结合的蛋白质。我开始跟同事罗杰·科恩伯格（Roger Kornberg）、阿伦·克卢格以及其他人密切合作。我们最终解析了核小体（染色体DNA缠绕成的微粒）的结构。

1976年，我决定去索尔克研究所（The Salk Institute）进行离休年研究（sabbatical）。该研究所位于南加州圣地亚哥的乐霍亚区，临近

峭壁，俯瞰太平洋。这个研究所成立于1960年12月1日，多年来，我 ¹⁴⁵
一直是他们的客座成员（基本上是访问委员会的成员）。事实上，在
这个研究所成立之前我们就有来往了。在早些时候，"布鲁诺"
（"Bruno"Bronowski）和我会从伦敦飞到巴黎，跟乔纳斯·索尔克
（Jonas Salk）、雅克·莫诺、梅尔·科恩（Mel Cohn）以及艾德·雷诺
克斯（Ed Lennox）热烈地商议筹划中的研究所，起草规章制度。

　　索尔克研究所的主席霍夫曼博士（Dr. Frederic de Hoffmann）一
心想把我留下来。最终，他说服齐克海佛（Kieckhefer）基金会给我设
立了一个席位。于是，我从英国的医学研究中心退了下来，携奥黛尔
移居南加州，一直住到现在。

　　加州东抵沙漠，西临太平洋，南接墨西哥，北望俄勒冈，四季多
雨，地广人稀，是一片富饶之地。加州也有庞大显赫的大学系统。奥
黛尔和我是外籍长居移民，我们仍然保留着英国国籍。作为移民，我
们没有投票权，但是除此之外，享有美国公民一样的待遇与义务，包
括纳税。

　　南加州让我有家的感觉。我喜欢这里富裕惬意的生活方式。依山
傍海，邻近沙漠，这都是它的诱人之处。绵延的沙滩风景秀丽，适合
漫步，到了冬季甚至有些荒凉。想去爬山，只要一个小时的车程，而
且比不列颠群岛上的山高得多，冬天山顶也会有雪，在最高峰上可以
俯瞰沙漠。如果冬天有足够的降水，到了春天沙漠里就满是鲜花。即
使是其他季节，沙漠也有它独特的魅力，比如沙漠微妙的色泽和一望
无际的天空。

虽然有近乎完美的气候条件，但这里的科学家仍然勤奋地工作着。事实上，有些人如此忙碌以至于无暇深思。他们应该听一听那句格言，"忙忙碌碌就是虚度年华"（A busy life is a wasted life）。在美国其他地方我就没有家的感觉。纽约在我看来似乎非常遥远，无论是距离还是气氛，跟伦敦差不多。我对纽约和加州的感觉跟伍迪·艾伦的感觉恰恰相反。他热爱纽约，讨厌加州。他觉得，"加州唯一的文化优势是红灯时可以右转。"但是，在我们西海岸的人看来，他这无非是"东海岸情结"。

在1966年之后的十年里，分子生物学并没有停滞不前，而是经历了一个巩固时期。这期间最意外的发现也许是反转录病毒——这是一种RNA病毒，它们转录成DNA，然后嵌入染色体DNA中。这是由霍华德·特明（Howard Temin）和大卫·巴尔的摩（David Baltimore）独立发现的。因为这项发现，他们和罗纳·杜尔贝科（Renato Dulbecco，他现在也在索尔克研究所工作）分享了1975年的诺贝尔医学奖。艾滋病毒也是反转录病毒。没有这项开拓性工作，人们就无法理解艾滋病毒的致病机理。

那时我还没有意识到，由于三种技术的出现，分子生物学马上将实现一个巨大的飞跃。这三项新技术是：重组DNA技术、快速DNA测序技术、单克隆抗体技术。那些之前批评分子生物学没带来什么实用好处的人不作声了，他们意识到这些新技术都可以赚钱。我不打算事无巨细地描述这些重大进展或者评论那些日新月异的令人注目的结果，因为我自己并没有直接参与这些发现。

　　我决定来索尔克研究所，一个主要原因是趁机来研究脑的工作机制。多年以来，我并没有很认真地追踪这个领域的进展。事实上，我第一次听说大卫·休布尔（David Hubel）和陶斯滕·惠塞尔（Torsten Wiesel）关于神经系统的工作，竟然是在文学杂志《遭遇》（Encounter）的一个脚注里。显然，如果我这辈子还打算研究脑，就不能再拖下去了，因为我已年届花甲。

　　我花了好几年才慢慢放下了原先的兴趣，之所以拖这么久，是因为分子生物学不断有惊喜出现。比如，一个意外发现是，编码蛋白质的DNA并不是连续的，其中穿插着大段大段的"无意义"序列。这些序列，我们现在称为内含子，在前体信使RNA中通过"剪切"的过程被切除。留下的"有意义"部分（外显子）拼接到一起，组成成熟的信使RNA，然后被运送到细胞质，在核糖体中指导蛋白质的合成。

　　这样的内含子主要分布在高等生物中。在人体的基因里，内含子往往比外显子更长。内含子在某些"高级"生物（比如果蝇）中更稀少，因为它们的基因组更小。细菌中几乎没有内含子，少数的内含子仅存在于个别位置，比如某些转运RNA的基因里。

　　人们还发现，并非所有的DNA序列都有意义。人体里的大部分DNA，也许多达90%，似乎都是没用的"废物"。即使有用，它们的功能可能也不依赖于序列的具体信息。奥格尔和我曾写过一篇文章，提议大部分基因可能是"自私的DNA"——更好的说法也许是"寄生DNA"——它们并不是为了生物体的利益，而是为了它们自己的利益而活动。道金斯在他的《自私的基因》一书里已经提出了这样的观点。

奥格尔和我提出，这种自私的DNA可能有多个独立的起源，如同寄生虫，从基因组的一个位置跳到另一个位置，在宿主DNA中传播。由于这样的随机插入，许多基因产生了突变，无法执行本来的功能，于是慢慢被宿主淘汰。与此同时，新的寄生序列可能又开始入侵宿主，直到宿主DNA与入侵DNA达成大致的平衡。不过，这只是假设，是否为真尚待检验。

自私DNA的存在，完全符合自然选择理论。我们大概很熟悉"寄生"（比如绦虫）这种现象，但是"DNA分子寄生在染色体里"的观念似乎让人难于接受。但是，这有什么说不通的呢？

要知道，内含子的发现是个重大意外。在实验发现它们之前，没有人想象过它们的存在。如果它们在大肠杆菌或噬菌体中也大量存在的话，我们可能更早就发现它们了。在经典遗传学中没有它们存在的一丝迹象，即使是在基因图谱比较明确的生物（比如酵母）体内，也没有发现它们。内含子正是纯粹黑箱实验（即只观察生物体的外部行为，而不研究其内部机理）所忽略的东西。

在此期间，我也为普通读者写了一本科普作品，主题是生命起源。[148] 1971年9月，奥格尔和我参加了在苏联亚美尼亚叶里温（Yerevan）举办的外星生命学术研讨会。这个时候，我们想到，地球上的生命也许起源于一个更高级的外星文明，他们通过无人宇宙飞船向地球送来了最初的微生物。两个事实激发了这个理论：一个是遗传密码的统一性。这暗示着在某个阶段，生命通过了一个小规模的瓶颈而演化出来；另外一个是宇宙的年龄似乎比地球的年龄大两倍以上。这意味着，生命有足够的时间在地球之外产生，并演化出复杂的智力。

我们把该理论称为直接泛种论（directed panspermia），以区别于最初由瑞典生理学家斯凡特·阿伦尼乌斯（Svante Arrhenius）在1907年提出来的泛种论。该理论的大意是，微生物从外太空飘落到了地球上，从而开启了地球上所有的生命。我们使用"直接"来暗示微生物是"有人"主动送到地球来的。

写一本以生命起源为主题的科普书不容易，主要困难在于这基本上是一个化学问题，特别是有机化学。很少有外行喜欢化学。我母亲曾读过我的一篇综述文章，然后告诉我，"我唯一不理解的是那些化学符号。"尽管如此，这本书的目的不在于解决生命起源的问题，而是传达该问题涉及的许多基本思想，从宇宙学、天文学到生物学和化学。

我对直接泛种论并没有一股脑地接受，至今依然如此 —— 在书中，我提到了衡量理论好坏的标准，并讨论了为什么我们的理论虽然可以被验证，但依然停留在猜想的阶段。这本书由西蒙与舒特（Simon & Schuster）出版社于1981年出版，题为《生命本身》（Life Itself）。我认为这个题目相对内容而言过于宽泛，但是出版商坚持用这个，我只好作罢。

回到脑研究的问题。当我起初决定仔细研究这个问题的时候，我以为我知道大部分的问题，起码了解问题的轮廓。在剑桥的时候，我就认识贺拉斯·巴罗（Horace Barlow）很多年了。我是通过数学家克里塞尔认识他的——在20世纪50年代，我也听过巴罗在哈代俱乐部（Hardy Club）所做的关于青蛙眼睛的报告，他当时提出了"昆虫感受器"的推测。在哈代俱乐部，我也听过阿兰·霍奇金（Alan Hodgkin）和安德鲁·赫胥黎（Andrew Huxley）讲解关于章鱼轴突电势（axon potential）的著名模型。后来，1964年，在索尔克研究所组织的一次小型会议上，我也见到了神经生理学家大卫·休布尔。这次会议的目的是向索尔克研究所的成员们通报神经生物学的最新进展，以便招聘这方面的研究人员。[149]

正是在这次会议上，我第一次见到了神经生理学家罗杰·斯佩里（Roger Sperry）和神经解剖学家瓦勒·诺塔（Walle Nauta）。当时有十几个人做报告，听众也有十几个（因为那时索尔克研究所还比较新），而且大有来头，其中包括雅克·莫诺和物理学家列欧·西拉特（Leo Szilard）。听众是如此挑剔，以至于最后一个人上台的时候打哆嗦。我真希望当时索尔克研究所就开展神经生物学方面的工作，但是苦于经费短缺，很久之后才开展工作。现在，我们有一半的人在做神经生物学方面的工作。

很快我就发现，我之前的知识太贫乏了。部分原因在于，自从我第一次接触这个主题以来，神经解剖学和神经生理学取得了许多进展，出现了一些崭新的领域，比如心理物理学（psychophysics），而我对此一无所知（心理物理学并不是加州的什么新兴宗教，而是心理学的一个传统分支，它们的工作是测量人或动物对光、声、触等物理刺激的反应）。

此外，我还发现有一个自称为"认知科学"的新学科（曾有人不无刻薄地说过，凡是名字里有"科学"二字的可能都不是真正的科学）。认知科学是针对行为主义学派的革命成果之一。行为主义者认为，我们只能研究动物的行为，而不应当假定任何心智（mental）过程。在20世纪初，行为主义学派一度是心理学的主流，在美国尤其如此。

认知科学家与行为主义者的研究思路不同，前者认为明确构建心智进程的模型非常必要。现代语言学是认知科学的一个重要分支，因为它正是这样做的。不过，人们对于观察脑本身不是非常热心。许多认知科学家倾向于把脑视为"黑箱子"，不愿意打开它。事实上，有人不无调侃地把认知科学定义为"不考虑神经细胞的脑研究"。认知科学的通常做法是分离出特定的心理现象，针对推测到的心智过程提出一个理论模型，然后利用计算机模拟来检测这些模型，确保它如我们设想的那般工作。只要它符合一部分心理学事实，就认为这个模型是有用的，而不在意它是否正确。

我过去就觉得这很奇怪，现在依然这么认为。从根本上讲，认知科学家秉承的是一种功能主义者（functionalist）的哲学态度。功能主义者相信对人或动物的功能进行研究是重要的，并且可以通过抽象的方式来进行，而不必介意所研究的功能到底是由哪些零件执行的。据我观察，这种态度在心理学家中相当普遍。有些人甚至走得更远，不承认研究脑内部会为心理学提供任何帮助。他们听到这种论调甚至会怒不可遏、拍案而起。

如果你追问他们为什么这样想，他们通常会说：脑内部复杂得令人望而生畏，仔细观察恐怕无济于事。对此的进一步回应则是：如果它果然是如此复杂，我们怎么能忽视内部的情况，奢望仅靠外部观察输入和输出就解析脑的工作方式？对此我能想到的唯一回答是：我们必须从更高阶的水平来研究问题，仅仅研究神经元恐怕无济于事。我完全同意这种说法，不过我认为这并不意味着我们可以忽略神经元的研究。当处理一个难题的时候，把一只手绑在身后恐怕不大明智。

我与功能主义者的意见恰恰相反——"如果你志在理解功能，研究结构吧"——据说这是我在研究分子生物学的年代说的（当时我好像是在划船）。我认为我们应该从所有的层面着手解决问题，就像我们在分子生物学中所做的那样。毕竟，经典遗传学也曾是一个黑箱子学科，重要的是把它和生物化学结合起来。自然界中的杂合体往往不育，但科学里的情况往往相反：交叉学科往往特别有繁殖力，那些太纯的学科往往会枯萎。

在研究一个复杂系统时，如果不知道更高阶的层次，人往往就不知道问题在哪里——这么说固然不错，不过，要牢牢确立事关更高 [151] 阶层次的理论，证据往往来自于低阶的细节。其次，研究低阶水平会得到探索性数据，它们往往对建构新的高阶理论提供了重要的暗示。此外，通过研究简单的动物可以获得关于低阶组成结构的信息，而这些工作是比较容易做的。最近的一个例子是，利用无脊椎动物研究记忆的机制。

我要思考的第一个问题是：研究哪种动物？我的几个分子生物学

同行选择的是小型的、较为初级的动物。如上所述，布伦纳选择的是线虫，本泽选择了果蝇来研究行为的遗传学，部分原因在于我们已经做过许多基础性的遗传学研究。

我决定长期主要致力于意识问题，不过，我也意识到从这里着手是愚蠢的。人显然是具有意识的——起码我知道我有意识，而且我有充足的理由假定你也有意识。果蝇是否有意识呢？我们不敢断言。不过，人体实验困难重重，而且涉及许多伦理问题。因此，一个合理的妥协方案是聚焦于类似人类的哺乳动物，特别是灵长类的猴子和猩猩。

接下来的问题是：选择哺乳动物脑的哪个侧面？因为我知道的很少，所以我做了一个显而易见的选择，就是集中研究视觉系统。人是非常依赖于视觉的动物（猴子也是如此），而且关于视觉人们已经做了许多工作。

那么，我们如何在猴子身上研究人类的视觉？一个明显的办法是在人身上进行伦理许可的实验，然后在猴子或者其他哺乳动物身上针对同样的系统进行平行研究。就感知研究而言，日益通行的做法是详细研究人体的心理生理（加上对猴子的较粗糙的心理生理学研究），得出理论，再与已知的猴脑神经解剖和生理知识结合起来。有时还可以利用人体的其他数据，比如激发电势（evoked potentials，一种脑电波）或者各种昂贵的扫描仪器，但是目前它们的分辨率（包括空间分辨率和时间分辨率）都很差，提供的信息比较少。

因此，视觉系统吸引了像我这样的人。就我们所知，猕猴与人类观察世界的方式基本上是一致的。当然，语言对我们也很重要，这是人与其他动物的主要区别之一。不幸的是，正是出于同样的原因，没有合适的动物模型来开展这些研究。这也是为什么我认为当代语言学，虽然看似蓬勃发展，但早晚都会遇到瓶颈，除非我们可以了解到当我们说话、聆听、阅读的时候脑内部发生了什么。如果语言跟视觉一样复杂（这几乎是一定的），在缺乏这些知识的情况下试图解析语言的工作机制，依我看，成功的机会渺茫。当然，语言学家往往并不同意这个主张。

我同时决定的是，我不会涉足实验工作，起码一开始不会。除了这些实验难以执行之外，我认为自己从理论的视角可以做出更多贡献。在我看来，我可以从尽可能多的视角研究视觉问题，这可能会对领域的其他从业者提供帮助。我希望自己对沟通研究脑的不同学科起到建设性的作用。到了我这个年纪，我不大期望自己再提出什么惊天动地的新理论，但是我认为，与年轻科学家合作，或许会有收获。无论如何，我认为这个课题乐趣无穷，而且，我有权利在有生之年做一点自己喜欢做的事情，前提是我偶尔能做出一点有用的贡献。

决定了研究哺乳动物的视觉系统，下一个问题就是选择从哪里着手。我从未接受过医学教育，因此我的神经解剖学知识几乎为零。我决定就从这里开始，因为我认为这可能是这门学科里最枯燥的部分，所以最好先解决这个问题，再过渡到其他更有趣的主题。

令我意外的是，我很快就发现，这个枯燥无味的神经解剖领域里

153 出现了小小的革命。由于引入了许多相当简单的生物化学技术，我们现在可以观察脑的各个区域是如何连接起来的。此外，这些技术不仅非常强大，还比之前的方法更可靠。不幸的是，大部分新方法都不能用于人体（当然，主要是伦理上的原因，因为实验结束之后，你不可能"牺牲"掉作为实验对象的研究生们）。因此，现在有一个颇为奇怪的局面：我们对猕猴脑里神经连接的了解比对人脑的了解更详细。事实上，我们对猕猴脑神经连接的宏观模式，以及各种化学递质和受体在脑中的定位了解得如此之多，以至于唯一的解决方案是把这些信息储存在电脑里，并用某种直观易懂的图像来展示它们。

我先大量阅读了实验论文及综述文章。我发现，如果你对某项工作真感兴趣，并花点力气了解他们的实验目的，就不难跟实验工作者打交道。就这样，我认识了许多新朋友，限于篇幅，此处无法一一列举。很幸运，我发现在拉霍亚就有好几个人对视觉及神经理论问题感兴趣。在加州大学圣地亚哥分校（UCSD）心理系，鲍比·博伊腾（Bob Boyton）领衔的小组，研究内容是视觉的生理物理学。其他我认识的心理生理学家，包括麦克劳德（Don Macleod）和"拉曼"[（"Rama"）V.S. Ramachandran]，他刚从尔湾搬到了圣地亚哥。同一个系里还有从事理论工作的大卫·罗梅哈特（David Rumelhart）和杰伊·麦克兰德（Jay McClelland）小组。虽然我对心理学的认识很少，但是不久之后，他们就任命我为心理系的兼职教授。

1980 年，马克斯·柯万（Max Cowan）来到了索尔克研究所，并召集了一大批神经生物学家。其中一些人，比如理查德·安德森（Richard Andersen，现在任职于 MIT）、列维（Simon LeVay）进行的是视觉系统方面的实验工作。虽然科万 1986 年离开了，但索尔克研究所仍然对神经科学有强烈的兴趣，而且最近从普林斯顿招来了实验学家汤姆·阿尔布莱特（Tom Albright）。

另外，1984 年加拿大哲学家保罗·丘奇兰和帕特里夏·丘奇兰夫妇（Paul and Pat Churchland）开始担任 UCSD 的哲学系主任。要找 [154] 到一个关心脑问题的哲学家可不大容易，但他俩都有浓厚的兴趣，这实在是一件幸事。他们的建议非常有帮助。他俩都曾就"还原论"（reductionism）写过很出色的文章（有人觉得"还原论"是一个坏词，甚至有人认为我是还原论的领军人物）。最近，帕特里夏写了一部专著，题为《神经哲学》，由 MIT 出版社旗下的伯拉福（Bradford）书局出版，从哲学、理论、实验方面详尽阐述了他们的新观点，该书的副标题是"面向心智与脑的统一科学"。

拉曼和戈登·肖（Gordon Shaw，加州大学尔湾分校的一位物理学家）组建了赫姆霍兹（Helmholtz）俱乐部，以向 19 世纪开创了感知研究的这位德国物理学家致敬。俱乐部差不多每月一聚，从午餐开始到晚餐结束。下午安排的两个报告，主题大多数与视觉系统有关。这种安排给了我们充分的时间讨论问题。会议在尔湾举行，位于洛杉矶和圣地亚哥中间，其他大学的成员和客人也可以参加。

此处我不打算展开讨论关于视觉系统的新知识——那恐怕要另外一本书来完成——遑论脑的其余部分。我仅讨论一般性的问题。首先，许多人不是很清楚为什么我们需要研究视觉。我们可以看得这么清楚，似乎没有花费任何力气，所以问题是什么呢？说来奇怪，为了在我们的脑海中构建出清晰的外界图景，脑需要进行许多复杂的活动（有时被称为"计算"），而我们对这些活动几乎一无所知。

我们轻易地就滑向了"小人谬误"（Fallacy of the Homunculus）——在我们脑内部某个地方有一个小人在观察着周遭发生的一切。大多数神经生物学家不相信这一点（约翰·埃克尔斯爵士除外），主流观点是：我们关于世界和自我的图景完全是由神经元的活动及身体内其他化学或电化学进程造成的。我们致力于解答的问题是：这些活动究竟如何形成了关于世界和自我的清晰图景，并允许我们可以行动。

155 视觉系统的主要功能是在我们的脑袋里构建出外界的象征（representation），要完成这项任务，脑必须依赖于落到眼睛视网膜上的信号，虽然这些信号里包含了许多"未明言"（implicit）的信息，脑需要处理这些信息来获得它感兴趣的明言（explicit）的象征。因此，我们眼里的光感受器只对物体的反射光做出反应，但是我们的脑主要感兴趣的是物体的反射率（它的颜色），即使物体处于不同的光照条件下，脑仍然可以提取这些信息。

视觉系统是演化而来的，其功能是探测现实世界里对生存与演化至关重要的图像信息，比如食物、天敌以及潜在配偶。它对移动的物体格外感兴趣。演化会保留所有可能提供有用信息的特征。在许多情况下，脑必须尽快执行功能。神经元本身是相当缓慢（与电脑相比）的，因此脑必须经过组织，来尽快地执行许多的"计算"任务。这个过程到底是如何进行的，我们并不清楚。

无论你认为脑是如何工作的，我们都有证据表明你可能搞错了。这种误会可以通过人脑损伤、对健康人的心理物理学实验，或者回顾关于猕猴脑的知识得到体现。那些看起来均一、简单的进程实际上涉及系统、子系统和次级子系统之间的复杂相互作用。比如，一个系统决定了颜色识别，另一个系统决定了我们的立体感（虽然我们的眼睛接受的是平面信息），等等。关于立体感的一个子系统取决于两只眼睛里的图像差异，这称为视差（stereopsis）；一个子系统负责视野，另一个负责视距（远处的物体比近处的物体占据的角度更小）。此外，还有一个子系统涉及了光遮蔽（occlusion）（一个物体遮蔽了它后面的物体），以及根据阴影判断形状，等等。每一个这样的子系统很可能都需要次级子系统来发挥作用。

在正常情况下，所有的系统都会产生类似的结果，但是通过一些人为的技巧，比如人工构建出视觉景象，我们可以在系统之间造成冲突，产生视觉假象。如果我们用一只眼睛透过一个小孔观察一间有虚假景深的屋子，同一个物体在屋子一侧会比在另一侧的时候显得小。[156] 旧金山探险馆里就有一个按照这个原理建成的屋子，也叫作爱迷思（Ames）屋。当我向屋里张望的时候，有些孩子正从一边向另一边行走。向前行走的时候，他们显得越来越高，而走回去的时候，又显得越来越低。当然，我知道孩子的身高不会发生这样的变化，但是假象非常逼真。

拉曼认为，视觉系统的感知是一堆机巧的组合。他的理论依赖于一系列优美且富有创意的心理物理学研究，他称之为感知的功效主义（utilitarian theory of perception）。他写道：

"视觉系统利用无数专门的机巧以及经验规则来解决问题。这种观点可能并不牵强。如果关于视觉的这种悲观想法是正确的，那么视觉研究者的任务就应当是发现这些规则，而不是为视觉系统赋予它本身不具备的某种复杂性。寻找大一统的原则可能是徒劳之举。"

这套办法起码符合我们关于猴子脑皮层的知识，也符合雅各布的"演化是修补匠"的想法。当然，完全有可能，在所有的机巧背后只是一些简单的学习算法，它们依靠遗传产生的初级结构，产生了复杂多变的机制。

我的另外一个发现是，虽然我们对视觉系统局部神经元的行为（特别是在猴子身上）知道了不少，但是并不清楚人到底是如何看到物体的。这种糟糕的状况老师几乎从来没有跟学生提过。神经生理学家粗略知道脑如何把图像分解开，脑皮层的不同区域如何分别处理空间中的运动、颜色、形状、位置，等等。我们目前还不理解的是脑如何把这些信息综合起来，向我们呈现出生动统一的世界图景。

我同时发现，领域里还有一个禁忌话题，它就是意识。事实上，
157 对这个话题感兴趣往往被视为衰老的标志。这令我非常吃惊。当然，我知道，一直以来，研究视觉系统所用到的动物都被麻醉过，因而处于无意识的状态，所以严格说来，它们没"看到"过任何东西。多年以来，实验科学家并不觉得这有什么问题，因为他们发现，即使在这样的条件下，脑中神经元的行为仍然值得研究。最近，一些工作开始使用清醒的动物。虽然对这些动物进行实验更加困难，但是好处在于：在一个正常的工作日结束时，实验人员可以把动物放回笼子，自

己回家休息。这样的动物我们可以研究好几个月，然后才牺牲掉它们（针对麻醉动物的实验更考验人，因为这样的实验往往需要一次性完成，持续时间也很长，而且实验之后动物就被牺牲掉了）。说来也怪，还没有人针对同一种动物的同一种神经元进行清醒或麻醉状态下的对比研究。

不喜欢谈论意识问题的不只是神经生理学家，也包括心理物理学家和认知科学家。大约一年之前，心理学家曼德勒（George Mandler）在UCSD心理系以意识为主题组织了一系列讲座。报告人连意识问题是什么都难以达成共识，更谈不上解决了。多数与会人员似乎都认为这个问题短期之内没有答案，因此都顾左右而言他。只有大卫·齐布舍（David Zipser，之前也是一位分子生物学家，现在任职于UCSD）跟我惺惺相惜。我们都认为：意识可能涉及了某种特殊的神经机制，这种机制可能分布于下丘脑和脑皮层的多个区域，而且，通过实验手段揭示该机制的一般性质并非痴心妄想。

说来奇怪，生物学里最容易出成果的往往是那些看似极其困难的基本问题。原因在于，候选答案如此稀少，因此总有一个是正确结果（本书第3章末尾讨论了这样一个例子）。真正难以解决的生物学问题 158 有近乎无数种候选答案，而你必须逐个证明其他选项都是错的。

通过实验手段来研究意识问题的一个主要麻烦在于，虽然人们可以坦白他们的意识是什么（比如，他们突然失去了色觉，现在只能看到不同的灰度），但在猴子中进行这样的实验就困难得多。没错，我们可以花很多功夫训练猴子看到水平线就按这个键，看到竖直线就按另一个键，但是我们可以要求人想象出色彩，或者想象自己在弯曲手指，在猴子身上就很难进行这种实验。不过，我们可以像观察人脑一样仔细地观察猴脑。因此，我们就有必要用一些关于意识的理论来指导实验，无论它们是多么粗陋。我推测，意识可能不需要运行良好的长程记忆系统，而只需要短程记忆系统。这意味着我们必须马上研究短程记忆的细胞和分子机制——但是这方面的工作寥寥无几——而这完全可以通过动物实验完成，甚至是简单廉价的动物，比如小鼠。

那么，我们需要什么样的理论呢？不难发现，某种类型的理论必不可少，因为任何对脑的解释都会涉及大量以复杂方式相互作用的神经元。此外，这个系统呈高度非线性，复杂的模型会有何种表现，殊难预料。

我很快就发现，一些理论工作已经在进行了，但不同流派之间很少引用彼此的工作。这种特征往往出现在那些难以达成共识的领域里（哲学和神学可能是两个好例子）。1979 年 4 月，我又一次遇到了理论工作者大卫·马尔（David Marr，我们最初在剑桥结识），并留下了新的印象。这次他携另一位理论工作者托马索·波乔（Tomaso Poggio）来索尔克访问一个月，讨论视觉系统的工作。可惜，马尔已经去世了，年仅 35 岁。波乔现在在 MIT，而且跟我成了好朋友。后来，在学术会议上我结识了更多研究脑的理论工作者（限于篇幅此处无法一一列举），跟其中一些人还建立了私交。

许多理论工作都集中于神经网络（neural nets），即单元（有点像神经元）如何组成群体、如何相互作用、执行特定的功能（往往与心理学有关）。这些工作的目的都是赋予它们学习的能力，用到的是理论工作者设计出的简单规则与算法。

最近，一部两卷本的著作，题为《平行分布进程》（*Parallel Distributed Processing, PDP*），描述了圣地亚哥理论学派的部分工作。该书由大卫·罗梅哈特（现在斯坦福大学）和麦柯克兰（现在卡耐基梅伦大学）编辑，由伯拉福书局出版。就这种大部头学术著作而言，该书算是畅销书了。它的结论非常惊人，心理学家和研究人工智能的专家（特别是那些试图制造新一代平行运算计算机的人）都受到了影响，在心理学里它也有可能引发新的浪潮。

毋庸置疑，它得到了许多非常有启发的结果。比如，我们可以看到一个神经网络如何存储它的"神经元"激发模式（firing patterns）中的"记忆"，并从一个局部的模式（信号）唤起完整的模式。而且这样一个系统可以通过经验习得默会规则（tacit rules），正如一个孩子先默会地习得了英语语法，虽然他还不知道如何清晰地表达它们。一个例子是由特里·谢诺夫斯基（Terry Sejnowski）和查尔斯·罗森博格（Charles Rosenberg）创建的"网谈"（NetTalk）。这台小机器可以通过经验学会如何正确地读出一段之前从未见过的英文。我比较熟悉谢诺夫斯基，他曾在索尔克教工食堂做过一次惊人的展示（他在《今日》电视节目中也讲过这件事）。这台机器并不理解它朗读的内容，它的发音也不总是完全正确，部分原因在于，英文的发音有时视含义不同而不同。

尽管如此，我们对目前的工作仍有一些强烈的保留意见。首先，所使用的"单元"几乎总是具有某些不现实的特征。比如，一个单独的单元可以在某些终端引起激发，而在另外一些终端导致抑制。以我们目前有限的脑知识，这种情况还很少见到，起码在新皮质（neocortex）是这样。因此，我们无法在神经生物学的水平对这些理论进行检验，因为它们连最简单、最明显的测试都没通过。理论工作者对此的回应通常是，他们可以轻易地改变模型，让它们更接近现实，但实际上他们并不为此操心。给人的感觉是，他们并不想知道他们的理论模型是否正确。此外，目前使用的最强大的算法 [即所谓的逆向传播算法（back-propagation algorithm）] 从神经生物学的角度看也非常可疑。所有试图克服这个难题的努力在我看来都显得非常勉强。虽然我不大情愿，但是我不得不认为这些模型只是"演示"，而不是真正的理论。他们的确证实了某些类似于神经元的单元可以做出令人意外的事情，但这并不表明脑就是严格按照他们设想的方式工作的。

当然，这些神经网络和算法仍然可以用于设计新一代平行式运算的计算机。目前的技术困难似乎是找到干净利落的方法，在硅芯上体现出可调节的连接（modifiable connection），这个问题有望不久之后得到解决。

关于这些神经网络模型还有另外两种批评意见。一个是它们的运行速度不够快。对于像人类这样的生物来说，速度是一个关键的因素。大多数理论工作者都还没有把速度考虑进来。另一个则涉及关联（relationships）的问题。且让我举个例子，设想屏幕上闪过任意两个字母，一上一下，现在的任务是分辨出哪个在上面。这个问题也由心理学家斯图亚特·苏斯兰（Stuart Sutherland）和杰里·福多尔

（Jerry Fodor）独立提出来了。假如利用老的计算机模型，这个问题很容易解决，但是利用平行分布程序，在我看来，就很拖沓。我猜想，后者缺少的也许是注意（attention）的机制，而它可能是工作于高度平行的PDP进程之上的串行（serial）进程。

理论神经生物学处于困境，原因之一是它与三个不同的领域接壤。第一个领域直接对大脑进行研究。这是科学，致力于发现大自然实际使用的机制。第二个领域是人工智能。这是工程，它的目的是制造出一种按我们意愿工作的装置。第三个领域是数学。数学关心的既不是科学，也不是工程（除了从两者当中发现新的待解决的问题），数学关心的是抽象实体之间的关联。

因此，研究脑的理论工作者受几个方向的吸引。出于智识上的优 ¹⁶¹越感，他们觉得应该拿出一些数学上深刻有力的结果。但是，如果脑实际上是由许多简单的技巧以复杂的方式在自然选择的过程中组合起来的，那么这种愿望就不大可能实现。如果他们提出的想法无助于解释脑的工作，理论工作者们可能希望它会对人工智能有帮助。这样的结果就是，理论工作者们缺少迫切的动力不懈追索，直至把脑的工作机制彻底理解清楚。提出一些"有趣"的计算机程序显然更有乐趣，而且也更容易拿到经费支持。如果他们的想法可以应用于计算机，他们甚至有可能发些小财。而且人们一般认为心理学属于"软"科学，很少得到确定无疑的结果，而是在流行的理论之间摇摆。没有人乐意追问一个模型究竟是否为真，因为如果他们果真这么做，很多工作都要陷入停滞。

　　我希望我自己的努力没有白费。从思考神经网络中，格雷姆·米奇森和我在1983年为快速眼动睡眠提出了新的原因，不过，其他两个研究小组也独立地得出了同样的机制。因为几乎每一个人都对睡眠与做梦感兴趣，做这方面的演讲有很多乐趣。我的听众包括物理学家（包括石油公司的研究部门）、妇女俱乐部、高中教师以及各种学术机构。核心思想是这样的：哺乳动物的脑存储记忆的方式，与我们保存文件的方式或者计算机储存文件的方式，非常不同。学界的主流意见是，在脑里，记忆同时以"分散"和某种程度集中的方式存在。模拟研究表明，这个系统可以运行良好，但是一旦系统超载，它就会删除许多错误的记忆。往往这都是某些相似记忆的混合。

　　这样的混合记忆让我几乎马上想到了梦，以及弗洛伊德所谓的"凝集"（condensation）。比如说当我们梦到某个人的时候，他 / 她往往都是两三个人的混合。米奇逊和我据此提出，在快速眼动睡眠阶段（有时也被称为做梦睡眠），有一种自动更正机制来降低记忆混淆的可能性。我们提出，这种机制导致了我们不记得做过的大部分梦。至于这种观念是否为真，尚待时间检验。

　　我也写了一篇关于注意的神经基础的论文，但是它几乎都是猜想。我还没有提出任何既新颖又有解释力的理论来把许多看似没有关联的实验事实以一种令人信服的方式联系起来。

　　回头来看，我依然记得最初接触这个新领域的陌生感。毋庸置疑，与分子生物学相比，脑科学仍然处于非常落后的状态，而且节奏也慢许多。我们可以从如何使用"最近"一词看到这一点。在古典文献研究（拉丁和古希腊）中，"最近"指的是过去二十年，在神经生物学或生理学中，它往往指的是过去几年，而在当今的分子生物学中，它指的是过去几周。

要弄清楚一个复杂系统有三种主要路径。一是把它分解开，分别研究各个组成部分——它们是由什么组成的，它们是怎么工作的。二是评估每个部分在系统中处于什么位置，它们彼此是如何关联起来的。仅靠这两种办法，我们还无法彻底理解系统是如何工作的。要实现这一点，我们必须一边精细地扰动各个组成部件，一边研究系统的表现，观察这些扰动对系统各个水平的表现有什么影响。如果我们可以用上述方法研究脑，理解脑的工作机制就指日可待。

在这三种路径里，细胞与分子生物学都会起到关键作用。实际上，这项工作已经开始了。比如，编码一系列关键分子的基因已经得到分离、鉴定，它们的产物也得到了更好的研究。第二种路径已经有了一点进展，但是我们还需要更多。比如，我们需要一项技术，当我们把一个神经元注射进脑之后，可以把所有与之相连的神经元都标记出来。

第三种路径也需要新方法，目前移除脑的手段实在是过于粗糙。比如，我们需要一种办法来可逆地抑制特定区域中的某种神经元。此外，我们还需要更精微更强大的手段来研究行为，从动物整体水平和神经元群体水平同时推进。分子生物学的进展如此迅速，不久它将对神经生物学的方方面面产生巨大的影响。

1984年夏天，我应邀在第七届欧洲视觉感知学术会议做了报告，[163]

地点在剑桥。这次报告安排在晚饭之后，听众希望以较轻松的方式听
到一点新东西。在报告结束的时候，我提到，再过一代人的时间，大
多数心理学系的工作将变成"分子心理学"。听众脸上的表情写满了
不信任。我接着说，"如果你不相信，看看生物系发生了什么吧。现在，
大多数生物学家做的都是分子生物学，而一代人之前，这些研究领域
里还只有少数专家。"他们的不信任变成了担忧。我们的未来会是这
样的吗？过去几年的进展表明，这个趋势已经开始了（比如，最近关
于谷氨酸的 NMDA 受体与记忆关系的机制研究）。

今天关于脑的研究状态，让我想起了 20 世纪 20—30 年代的分
子生物学和胚胎学。人们发现了许多有趣的事情，每年都在许多方面
取得了进展，但是主要问题依然没有解决。事实上，没有新思想和新
技术，它们不可能被解决。分子生物学到了 20 世纪 60 年代才算成熟，
胚胎学到了今天才刚刚成熟，脑科学还有很长的路要走。但是这个课
题如此激动人心，如此至关重要，它肯定会继续发展。为什么脑研究
这么重要？只有理解了脑，我们才能正确地评估人类在茫茫宇宙中置
身何处。

附录甲
经典分子生物学的基本概念

所有生物的遗传物质都是核酸。核酸分为两种：脱氧核糖核酸（简称为DNA）与核糖核酸（简称为RNA）。有些小型病毒的基因是RNA，其他所有生物的基因都是DNA（迟发性病毒可能是个例外）。

DNA和RNA分子都很细长，有时特别长。DNA是多聚体，骨架规则，磷酸基团和核糖基团交替排列。

每个核糖基团上连着一个小而扁平的分子，叫作碱基。DNA分子里有四种主要的碱基类型，分别是A（腺嘌呤）、G（鸟嘌呤）、T（胸腺嘧啶）、C（胞嘧啶）。这些碱基的顺序决定了DNA分子所携带的遗传信息。在1950年，查可夫发现，许多不同来源的DNA分子里，A的数量等于T，G的数量等于C。这种规律又称为查可夫规则。

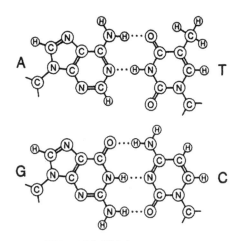

图甲-1 两种碱基配对：A＝T，G≡C。

RNA与DNA的结构类似，仅有的区别在于RNA里是核糖（而不是脱氧核糖），而且RNA分子用U（尿嘧啶）代替了T（胸腺嘧啶是5-甲基-胸腺嘧啶）。因此，RNA分子用非常类似的AU配对取代了AT配对。

DNA往往表现为双螺旋的形式，两条单链围绕着一个公共轴彼此缠绕。意外的是，这两条链的走向相反。也就是说，如果一条链中的分子朝上，另一条则朝下。

无论在什么水平上，碱基都是配对的。也就是说，一条链中的碱基与另一条链中的碱基配对。只有特定的碱基才能配对，它们包括：

A＝T，G≡C

这些配对的碱基是靠着微弱的氢键（hydrogen bonds）维系的，即横线所示。AT配对中有两条氢键，而GC配对中有三条。碱基配对是双螺旋结构的关键特征。

为了复制DNA，细胞需要解开双链，并以每条单链为模板合成新的配对链。复制完成之后，我们就得到了两个双螺旋分子，每一个分子都含有一条旧链和一条新链。由于新链中的碱基必须与旧链中的碱基配对，于是，两个双螺旋分子的碱基序列完全一致。简言之，这种优美的配对机制是遗传复制的分子基础。当然，这只是一个概述，具体过程要复杂得多。

核酸的一个主要功能是编码蛋白质。蛋白质分子也是多聚体，也有规则的骨架（称为多肽链）以及间隔排列的侧链基团。蛋白质的骨架和侧链跟核酸分子的骨架和侧链截然不同。此外，蛋白质中有二十种不同的侧链基团，核酸里只有四种。

多肽链的一般化学结构如图甲-2所示。侧链分子标注为R、R'、R"，依此类推。二十种侧链分子的准确结构都已勘明，具体信息可以参考大学生物化学教材。

每个多肽链都是由更小的氨基酸分子首尾相连而成的。氨基酸的

图甲-2

一般结构如图甲–3所示，R代表侧链残基，共20种。在氨基酸彼此相连的化学反应中，每一步都会产生一个水分子（实际化学过程比这里的简要描述要更复杂）。

　　所有参与蛋白质形成的氨基酸（甘氨酸除外）都是左旋氨基酸（L-amino acids），它们的镜像异构体是右旋氨基酸（D-amino acids）。这些术语跟图甲–3中上部的碳原子周围的原子排布有关。

图甲–3

　　蛋白质的合成发生在核糖体上，这是一个复杂的生物化学机器。此外，它还需要一套小的RNA分子，称为tRNA（转运RNA）以及许多特殊的酶。序列信息是由另外一种RNA分子，信使RNA（mRNA）提供的。在大多数情况下，这个mRNA都是单链，是由某段DNA根据碱基配对原则转录而成的拷贝。核糖体在mRNA链上移动，以每次三个碱基（见附录乙）的速度阅读序列信息。整个过程表示为：DNA→mRNA→蛋白质。箭头方向表示序列信息传递的方向。

　　更加复杂的是，每个核糖体里不仅包含了许多蛋白质分子，也包括了若干RNA分子，其中两个还相当巨大。这些RNA分子不是信使RNA，它们仅参与核糖体的结构组成。

在多肽链合成的过程中，它同时发生折叠，形成复杂的三维结构，蛋白质因此可以执行它高度特异性的功能。

蛋白质大小不一，通常的蛋白质分子可能有几百个氨基酸，因此一个编码蛋白质的基因里一般包括一千个或更多的碱基。DNA的其余部分可能是调控序列，帮助开启或关闭特殊的基因。

一个小型病毒的核酸大约有5 000个碱基，只能编码几个蛋白质。细菌的DNA（往往是环形）可能含有数百万个碱基，可以编码数千种不同的蛋白质。在人体细胞里，我们从父母那里各继承大约三十亿个碱基，共编码大约十万种不同的蛋白质。在20世纪70年代，人们发现，高等生物的DNA里包含了大段似乎没有功能的DNA（有些出现在基因内部，称为内含子）。

所谓的中心法则是一个宏大的假说，旨在预测序列信息的流动方向。这对应于图甲-4中的箭头方向。常见的流动以实线表示，少见的则以虚线表示。值得注意的是，一旦信息流入蛋白质，它就无法再流出了。

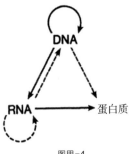

图甲-4

　　常见的信息流动上文已经提及。在更少见的例子里，某些RNA病毒的RNA可以复制自己。所谓的RNA逆转录病毒（retroviruses），可以从RNA合成出DNA，该过程也称为"反转录"。艾滋病毒就是一个例子。从DNA到蛋白质的信息流动极为罕见，在某些体外条件下，单链DNA可以作为信使，但这在自然情况下可能从未发生过。

附录乙
遗传密码

　　遗传密码就像一个小辞典，把四种碱基的核酸（DNA中是A、G、C、T；RNA中是A、G、C、U）翻译成20种氨基酸。三个相近的碱基组成一个密码子，编码一个氨基酸（总共有4x4x4=64种密码子）。大多数氨基酸都有不止一个密码子。此外，有三个密码子编码"终止子"。

　　遗传密码通常以表乙–1的形式展示。乍一看这个表格似乎颇为费解，但是实际上它非常简单。每个氨基酸的化学组成都是已知的。比如，其中一个氨基酸是缬氨酸（valine），简明起见，缬氨酸缩写为Val。类似地，精氨酸（histidine）缩写为His。每个三联体密码子的三个碱基都可以从该表格中读出来。从左侧读出第一个碱基，从上边读出第二个碱基，然后从右侧读出第三个碱基。因此，你可以看到，缬氨酸（Val）由GUU、GUC、GUA和GUG编码，而精氨酸（His）则由CAU和CAC编码。三个终止密码子则是UAA、UAG和UGA。一般来说，RNA和DNA链的左侧被称为5'端，而右侧是3'端，这是由它们的化学结构决定的。

表乙-1

1st position (5′ end) ↓	2nd position				3rd position (3′ end) ↓
	U	C	A	G	
U	Phe	Ser	Tyr	Cys	U
	Phe	Ser	Tyr	Cys	C
	Leu	Ser	STOP	STOP	A
	Leu	Ser	STOP	Trp	G
C	Leu	Pro	His	Arg	U
	Leu	Pro	His	Arg	C
	Leu	Pro	Gln	Arg	A
	Leu	Pro	Gln	Arg	G
A	Ile	Thr	Asn	Ser	U
	Ile	Thr	Asn	Ser	C
	Ile	Thr	Lys	Arg	A
	Met	Thr	Lys	Arg	G
G	Val	Ala	Asp	Gly	U
	Val	Ala	Asp	Gly	C
	Val	Ala	Glu	Gly	A
	Val	Ala	Glu	Gly	G

U　尿嘧啶（DNA里是T，胸腺嘧啶）

C　胞嘧啶

A　腺嘌呤

G　鸟嘌呤

索引

D

E

F

G

H

I

J

K

L

M

N

O

P

S

T

译后记

傅贺

2019 年 7 月

克里克可以说是20世纪最伟大的生物学家。不仅因为他是双螺旋结构的发现人之一，并开启了20世纪中叶的分子生物学革命，而且因为他在理论层面引领了后续的发展，比如他提出了分子生物学的"中心法则"，预言了转运RNA，对破解密码子也作出了贡献（对这段历史感兴趣的读者，可以参考《创世纪的第八天》，[美] 霍勒斯•贾德森，上海科学技术出版社，2005）。

不过，在我看来，克里克还有一点特别值得佩服，就是他早年从物理学转向分子生物学，晚年再转向神经生物学（参考他的另一本书，《惊人的假说》，湖南科学技术出版社，2004）。一以贯之的是他的大问题意识。反躬自省，我真心佩服他这种"君子豹变"的勇气，当然，还有他惊人的创造力。

感谢吴炜编辑给我这个机会来翻译克里克的这本自传，让我有机会重温他的故事。如沐春风。

在本书的审校阶段，译者参考了之前的中文版本（《狂热的追求——科学发现之我见》，吕向东、唐孝威译，中国科学技术大学出版社，1994），特此致谢。

图书在版编目（CIP）数据

狂热的追求 / (英) 弗朗西斯·克里克著；傅贺译 . 一长沙：湖南科学技术出版社，2020.8（2022.12 重印）
（第一推动丛书 . 生命系列）
ISBN 978-7-5710-0100-1

Ⅰ . ①狂… Ⅱ . ①弗… ①傅… Ⅲ . ①克里克（Crick, Francis Harry Compton 1916-2004）一自传
Ⅳ . ① K835.616.1

中国版本图书馆 CIP 数据核字（2019）第 018095 号

WHAT MAD PURSUIT: A Personal View of Scientific Discovery
by Francis Crick
Copyright ©1988 by Francis Crick
Simplified Chinese translation copyright ©（year）
by Hunan Science and Technology Press Co., LTD
Published by arrangement with Basic Books, a member of Perseus Books LLC
through Bardon-Chinese Media Agency
ALL RIGHTS RESERVED

湖南科学技术出版社获得本书中文简体版中国大陆出版发行权
著作权合同登记号　18-2016-108

KUANGRE DE ZHUIQIU
狂热的追求

著者
[英] 弗朗西斯·克里克
译者
傅贺
策划编辑
李蓓　吴炜　孙桂均　杨波
出版人
潘晓山
责任编辑
李蓓
装帧设计
邵年　李叶　李星霖　赵宛青
出版发行
湖南科学技术出版社
社址
长沙市芙蓉中路一段416号
泊富国际金融中心
网址
http://www.hnstp.com
湖南科学技术出版社
天猫旗舰店网址
http://hnkjcbs.tmall.com

邮购联系
本社直销科 0731-84375808
印刷
长沙鸿和印务有限公司
厂址
长沙市望城区普瑞西路858号
邮编
410200
版次
2020 年 8 月第 1 版
印次
2022 年 12 月第 2 次印刷
开本
880mm×1230mm　1/32
印张
8
字数
162 千字
书号
ISBN 978-7-5710-0100-1
定价
48.00 元